# 古典文獻研究輯刊

## 十九編

潘美月・杜潔祥 主編

## 第 17 冊

### 上博簡楚辭類文獻研究（下）

陳民鎮、鍾之順、萬德良、張彩華　著

國家圖書館出版品預行編目資料

上博簡楚辭類文獻研究（下）／陳民鎮、鍾之順、萬德良、張
彩華 著 -- 初版 -- 新北市：花木蘭文化出版社，2014〔民 103〕
目 2+154 面；19×26 公分
（古典文獻研究輯刊 十九編；第 17 冊）
ISBN 978-986-322-877-6（精裝）
1.楚辭　2.研究考訂
011.08　　　　　　　　　　　　　　　　　103013721

ISBN-978-986-322-877-6

9 789863 228776

古典文獻研究輯刊
十九編　第十七冊　　　　　ISBN：978-986-322-877-6

上博簡楚辭類文獻研究（下）

作　　者　陳民鎮、鍾之順、萬德良、張彩華
主　　編　潘美月　杜潔祥
總 編 輯　杜潔祥
副總編輯　楊嘉樂
編　　輯　許郁翎
企劃出版　北京大學文化資源研究中心
出　　版　花木蘭文化出版社
社　　長　高小娟
聯絡地址　235 新北市中和區中安街七二號十三樓
　　　　　電話：02-2923-1455／傳眞：02-2923-1452
網　　址　http://www.huamulan.tw 信箱 hml810518@gmail.com
印　　刷　普羅文化出版廣告事業
初　　版　2014 年 9 月
定　　價　十九編 18 冊（精裝）新台幣 32,000 元
版權所有・請勿翻印

# 上博簡楚辭類文獻研究（下）

陳民鎮、鍾之順、萬德良、張彩華　著

# 三、〈有皇將起〉集釋

## （一）題　解

　　整理者認爲本篇以鳳凰起興，然證據並不充分，尚難遽定。由於簡文殘失過多，尚難以作全面的討論。

　　整理者認爲從〈有皇將起〉看，詩人係楚國上層知識份子，因擔任教育貴族子弟的保傅之職，有感而作，作者「惟余教保子」，「能爲余拜楮柮」，希望「思遊於愛，能與余相惠」。一方面擔憂學生「慮余子其速長」、「又不善心耳」、「如女子將眯」，一方面又勸誡學生「何哀成夫」，鼓勵其「周流天下」「將莫惶」。拳拳愛護之心，溢於言表。同時作者又對「三夫之謗」、「膠膰誘」，即小人詆毀其擔任教職之動機不良，表達出憤慨心情，頗有屈原作品之韻味〔註1〕。不過從簡文看，整理者對詩義的理解並沒有太充分的依據。

　　鄔可晶先生則認爲所謂的〈有皇將起〉似乎是說某一師保辛辛苦苦教導公子長大成人，希望他剪除奸惡；但公子成人後受到了壞影響，與師保「異

─────────────

〔註1〕　馬承源主編：《上海博物館藏戰國楚竹書（八）》，上海古籍出版社 2011 年版，
　　　　第 271 頁。另代生師兄在其博士學位論文〈考古發現與楚辭研究──以古史、
　　　　神話及傳說爲中心的考察〉（南京大學，2011 年 5 月）中在整理者曹錦炎先生
　　　　論述的基礎上進行了簡單討論：「屈原所擔任的『三閭大夫』，重要職責就是
　　　　『教胄子』，在〈離騷〉中他深情的說：『余旣滋蘭之九畹兮，又樹蕙之百畝。
　　　　畦留夷與揭車兮，雜杜衡與芳芷。冀枝葉之峻茂兮，願俟時乎吾將刈。』此
　　　　種感情與這位詩人頗能相合。更重要的是面對別人詆毀，一個作了〈有皇將
　　　　起〉，一個作了〈離騷〉。」可以參看。

心」，變質了；師保泣諫，望公子「有過而能改」〔註2〕。

由於缺文過多，相關內容難以連貫。在「編聯」部分，筆者將相關竹簡拆分為六組，以下試闡述各組的大致內容：

1. 〈有皇將起〉簡 1 上……：作者希望某人（或某物）幫助自己教育培養「子」，使其歸於仁德之道。

2. ……〈有皇將起〉簡 2……：作者希望某人自我悔過，有過能改，以及「異心」云云。

3. ……〈有皇將起〉簡 5……：作者希望某人戒慎而不違逆，日月顯明云云。

4. 〈有皇將起〉簡 4 上＋〈有皇將起〉簡 4 下：……言某人遠離居住卻有共同欲求，四處遊蕩而不迷惘驚惶，又謂將不善行徑一概改易云云。

5. 〈有皇將起〉簡 3＋〈有皇將起〉簡 1 下……：作者盼望「余子」快快長大，能幫助自己，能芟除孳生的惡木云云。

6. 〈有皇將起〉簡 6 上＋〈有皇將起〉簡 6 下：句義難明。

綜合上述殘存的內容看，該詩應該全是就作者之子（「余子」）而發的。作者之子可能犯了錯誤，且遠離作者而去，故作者希望他「自悔」、「有過而能改」、「有不善心耳」「莫不變改」。由於作者之子「周流天下」，作者認為「離居而同欲」，雖分離但能同心。準此，則全篇是作者為挽回浪子的諄諄教誨。另外一種可能是，所謂「有過而能改」等是作者對自己孩子的要求與訓導，並不是孩子真的犯了錯。作者對其抱有較高期許，望其戒慎仁德，盼其儘快成長。

貫穿始終的「子」，很可能是一個意思，最有可能指作者之子。如果「子」如整理者所說是作者的學生，那麼作者很可能是保傅的身份，屈原「左徒」或「三閭大夫」的官職，均有學者認為具備保傅性質。《周禮·地官·保氏》：「保氏掌諫王惡，而養國子以道。」保氏所掌，也包括祭祀的內容。不過從兩次出現的「余子」等線索看，「子」為學生的可能性不大。

〈有皇將起〉與〈鵙鵙〉密切相關，已有學者指出他們同冊編聯，有學者甚至懷疑它們屬於同一篇文字。如果〈鵙鵙〉與〈有皇將起〉屬於同一篇

---

〔註2〕 參見鄔可晶先生在復旦吉大古文字專業研究生聯合讀書會〈上博八〈有皇將起〉校讀〉（復旦大學出土文獻與古文字研究中心網站，2011 年 7 月 17 日）一文下的評論，2011 年 7 月 18 日。

內容的話，〈鵂鶹〉不大可能在〈有皇將起〉之後，〈有皇將起〉已有篇章結束的記號。如果〈鵂鶹〉在〈有皇將起〉之前，是否存在這一可能呢？筆者認爲這一可能性是不能排除的，而且具有一定的合理性，理由如下：

其一，兩篇字跡、形制均一致，且同冊編聯；

其二，均是句句用極有特色的語氣詞「今兮」結尾，第一人稱代詞用「余」；

其三，在用韻上，均爲每大句之內，前半句與後半句協韻，與〈李頌〉、〈蘭賦〉以大句爲單位押句尾韻不同；

其四，均出現理解詩義的關鍵詞「子」；

其五，〈鵂鶹〉的內容在該簡結束，〈有皇將起〉1 號簡上半截的內容也有完整的開端，完全有可能接著〈鵂鶹〉的內容敘說；

其六，若從文義角度結合起來看，也是能說得通的。〈鵂鶹〉借鵂鶹起興，在斥責某人（當即「子」）貪圖錦衣玉食、企圖不勞而獲，而且捨棄自己離去。作者借有「不孝」惡名的鵂鶹起興，或有深意。〈有皇將起〉1 上以「又皇將起」開端，「起」當指鳥的情態（但沒有充分證據證明指的是鳳凰），或可讀作「有惶將起」，完全有可能仍是借鵂鶹起興。在斥責「子」的不端行徑之後，作者渴望「教保子」，使「余子」歸於仁義。之後〈有皇將起〉敘及的兩方面內容仍是與〈鵂鶹〉密切相關的。一是改過自新，如「自悔」、「有過而能改」、「又不善心耳」、「莫不變改」等語句，可與〈鵂鶹〉斥責的缺點呼應；二是某人與自己分離，如「異心」、「離居而同欲」、「周流天下」、「如女子將懷（？）」等語句，也可與〈鵂鶹〉「子何舍余」相呼應。作者渴望「余子」快速成長，能襄助自己，能「遊於仁」、「必愼毋忏（？）」。可見，將〈鵂鶹〉與〈有皇將起〉結合起來看，詩義也是能說得通的，且能前後呼應，上下貫通，就作者之子犯錯、遠離、改過以及對其期望而言。

此外，本篇所見「遊於仁」、「有過而能改」、「必愼毋忏（？）」等思想均合於儒家思想，饒宗頤等先生曾撰文指出屈賦與儒家思想相合之處，本篇所表現的思想特徵亦值得重視。以上是作者所強調的「正能量」，至於菣、楮、柧等，則是作爲惡木的代表、反面的意象呈現的。

## （二）編　聯

本篇以及〈鶹鷅〉的編聯尚存爭議，以下彙集諸家說法，同時陳述我們的觀點。〈有皇將起〉與〈鶹鷅〉關係密切，故一併討論。

鄔可晶：簡 3「大路今兮，敄葴與楮今兮。慮余子其速長今兮……」，也提到了惡木「楮」、以及希望「余子」快快長大之事，文義跟簡 1 聯繫十分緊密。（「敄」大概也是「窮」、「拜」一類意思的詞，「葴」當即與「楮」同類之惡木。）頗疑簡 3 實當排在簡 1 之後。〔註 3〕

程少軒：此篇（陳按：指〈鶹鷅〉）應該就一支簡，所謂簡 2 可綴於簡 1 下。拼合后圖如下：

綴合後長約 50 釐米，考慮到中間一截下端「今」處殘損，原簡應略多於 50 釐米。如此，該簡長度應與〈蘭賦〉、〈李頌〉整簡一致。〈蘭賦〉、〈李頌〉還有簡背互抄的情況，原來必然同編一冊。如此則〈鶹鷅〉可能原先也同編一冊——每篇竹書僅幾支簡，編在一起是很合適的。

值得注意的是，〈有皇將起〉原報告稱整簡約 42 釐米，但細審圖版，無一整簡。該篇的殘簡可能也可以編聯。〔註 4〕

糾正一下前面的說法。仔細核對了竹簡的形制，四篇文學類竹書的編冊的狀況應該是這樣的：

〈李頌〉、〈蘭賦〉同冊編聯，《氏（是）古（故）聖人兼此》是書名，當指聖人兼有桐、蘭兩種品格。

〈鶹鷅〉僅 1 支簡，折斷情況爲：上 17 釐米＋中 21 釐米＋下 10 釐米。而〈有皇將起〉皆爲殘簡，公佈之殘斷簡皆爲上 17 釐米與中 21 釐米。從殘損狀態看，兩篇當編於同一冊。期待今後公佈的殘簡中能找到〈有皇將起〉

<hr />

〔註 3〕　參見鄔可晶先生在復旦吉大古文字專業研究生聯合讀書會〈上博八〈有皇將起〉校讀〉（復旦大學出土文獻與古文字研究中心網站，2011 年 7 月 17 日）一文下的評論，2011 年 7 月 18 日。

〔註 4〕　參見程少軒先生在復旦吉大古文字專業研究生聯合讀書會〈上博八〈鶹鷅〉校讀〉（復旦大學出土文獻與古文字研究中心網站，2011 年 7 月 17 日）一文下的評論，2011 年 7 月 18 日。

的下半段殘簡，補全簡文。〔註5〕

**劉洪濤**：飛、衣可押韻，支持少軒兄的看法。原詩僅此一簡，共三章，很符合《詩經》中大部分詩的特點。上博四逸詩〈多薪〉，按照我的看法，也是三章，上面的「兄及弟，斯鮮我二人」屬於別篇。〔註6〕

**黃傑**：我們在讀〈有皇將起〉的過程中，發現一則可能的綴合，寫出來供大家參考。

我們認爲，簡5當綴連於簡3之下。下面是簡3末殘字與簡5首殘字的圖片：

 簡3末

 簡5首

可以看出，二字拼在一起，正好可以拼出一「若」字。包山簡70「若」字作 ，可以參看。

從兩支簡的相對位置看，拼合後也不存在問題。

復旦與吉大研究生聯合讀書會所作簡3後半段釋文爲：「慮（慮）余子丌（其）速倀（長）今〔可（兮）〕……【3】。」即認爲簡末殘字是「今」，並依文例補「可」字。今按：本篇「今」字多見，形體基本一致，我們選取本簡（即簡3）的兩個「今」字與此殘字對比：

「今」： 簡末殘字：

不難看出，「今」字的第一筆和殘字中還比較清楚的那一短豎（可能就是字的第一筆）是有區別的，前者是一斜撇，而後者是一短豎。這與「若」字上部十分相近。另外，仔細觀察，這一短豎劃的左邊還有筆劃的殘存，與短豎合起來看，很像「若」字上部的「屮」旁。

---

〔註5〕 參見程少軒先生在復旦吉大古文字專業研究生聯合讀書會〈上博八〈鶹鷅〉校讀〉（復旦大學出土文獻與古文字研究中心網站，2011年7月17日）一文下的評論，2011年7月18日。

〔註6〕 參見劉洪濤先生在復旦吉大古文字專業研究生聯合讀書會〈上博八〈鶹鷅〉校讀〉（復旦大學出土文獻與古文字研究中心網站，2011年7月17日）一文下的評論，2011年7月18日。

　　殘字右半部的筆劃痕跡很像「今」字右邊的那一橫折的殘存，但我們認為，這一部分已經相當漫漶，不宜作爲判斷的主要根據。

　　拼合後的文句爲：慮（慮）余子丌（其）速倀（長）若余子力今可（兮）。

　　從文意上看也很通順。「若」解爲及。「力」是形容詞作謂語，意爲強力。《玉篇》力部：「力，強也。」《漢書・灌嬰傳》：「又從攻秦軍亳南、開封、曲遇，戰疾力，賜爵執帛。」顏師古注：「力，強力也。」此句的意思是：希望我的兒子快快長大，並且強大有力。

　　本篇的句子多爲簡單的短句，而拼合後的這句比較長，這相對於全篇來說固然是特例，但這並不構成這句不能存在的理由。楚辭類作品中偶有長度與篇中一般句子相差較大的長句出現，如〈九歌・湘君〉的「期不信兮告余以不閒」、〈天問〉的「何環穿自閭社丘陵」，另〈九辯〉開頭多長句，皆可爲證。〔註7〕

　　**馬楠**：好像第三簡應該接一 B（陳按：指〈有皇將起〉）。〔註8〕

　　**高佑仁**：我有個想法，簡 1 上下的拼合可能有誤。

　　【簡3】應與【簡1下】拼合，這一整段都是押魚部或陽部字，斷口也較密合，文意也好理解，余子速長而能輔助我，爲我拜楮柧。

　　大路【鐸部】今可（兮），敦藏與楮【魚部】今可（兮）。慮余子其速長【陽部】今【3】今可（兮），能與余相助【魚部可＝（可（兮）。可）幾成夫【魚部】今可（兮），能爲余拜楮柧【魚部】今】今可（兮）。【1下】

　　由「今」字斷開，最重要的還是斷口的密合度，請讀者再自行參酌。〔註9〕

　　**黃傑**：我們原將簡 3 與簡 5 連讀，現在看到馬楠先生與佑仁先生意見，覺得這個意見更好，一是斷口能夠相合，二是連讀後整段韻部諧調，三是句

---

〔註7〕黃傑：〈上博簡〈有皇將起〉編連一則〉，武漢大學簡帛研究中心網站，2011年7月19日。

〔註8〕參見馬楠先生在復旦吉大古文字專業研究生聯合讀書會〈上博八〈有皇將起〉校讀〉（復旦大學出土文獻與古文字研究中心網站，2011年7月17日）一文下的評論，2011年7月19日。

〔註9〕參見高佑仁先生在復旦吉大古文字專業研究生聯合讀書會〈上博八〈有皇將起〉校讀〉（復旦大學出土文獻與古文字研究中心網站，2011年7月17日）一文下的評論，2011年7月20日。

式整齊，比我們的連讀意見造成那個長句更好。所以我們放棄原來的意見，改從此說。〔註10〕

**張峰**：同意 32 樓（陳按：即高佑仁先生）的看法，將簡 3 與簡 1 下相連，是個「今」字無問題。我剛拿到上博八，也有此想法。另外，簡 4 上下是否銜接也有待考察。〔註11〕

**李銳**：簡 3 接簡 1 下很好，怀疑簡 1 上可接簡 2：有凰將起今兮，助余教保子今兮。思遊於仁自誨今兮，有過而能改今兮。

皆爲之部韻。

兩簡顏色不一，可能是分開後氧化不同所致。簡 1 末有一殘字，簡 2「自」字上似也有筆劃，疑當相接，然不釋。此句「思遊於仁自誨」爲七字，「族援＝（猨猨）必繇（愼）毋營」亦是七字。〔註12〕

根據程少軒先生對〈鶹鷅〉的研究，〈有皇將起〉整簡下部缺 8、9 字。疑簡 1 上部接簡 2 後，下當補字，或可接簡 4：亡（無）郼又（有）風（諷）今可（兮），同郼異心今可（兮）。又（有）郼【2】〔無風（諷）今可（兮），異郼同心〕今可（兮）。鹿（麗－離）尻（居）而同欲今可（兮）

下疑接簡 5、簡 3＋簡 1 下。但是除了「余」之外，前邊是「保子」（或「子」），後邊是「余子」，可能不同，或如程少軒先生所說可以分篇。然若就「子」而言，〈鶹鷅〉也是如此，或可相連。待研究。〔註13〕

**高佑仁**：簡 2 上還留有「含」字的殘筆，少軒兄的綴合當無疑問。〔註14〕

**李銳**：據少軒兄的分析，懷疑本篇与有皇將起是一篇，或本篇爲首簡（也

---

〔註10〕 參見黃傑先生在復旦吉大古文字專業研究生聯合讀書會〈上博八〈有皇將起〉校讀〉（復旦大學出土文獻與古文字研究中心網站，2011 年 7 月 17 日）一文下的評論，2011 年 7 月 20 日。

〔註11〕 參見張峰先生在復旦吉大古文字專業研究生聯合讀書會〈上博八〈有皇將起〉校讀〉（復旦大學出土文獻與古文字研究中心網站，2011 年 7 月 17 日）一文下的評論，2011 年 7 月 21 日。

〔註12〕 參見李銳先生在復旦吉大古文字專業研究生聯合讀書會〈上博八〈有皇將起〉校讀〉（復旦大學出土文獻與古文字研究中心網站，2011 年 7 月 17 日）一文下的評論，2011 年 7 月 23 日。

〔註13〕 同上。

〔註14〕 參見高佑仁先生在復旦吉大古文字專業研究生聯合讀書會〈上博八〈鶹鷅〉校讀〉（復旦大學出土文獻與古文字研究中心網站，2011 年 7 月 17 日）一文下的評論，2011 年 7 月 20 日。

可能是第 2 簡，直接說「子遺我」有點突兀），將梟與鳳對舉，故彼篇有所謂有過能改云云。〔註15〕

　　**程少軒**：〈有皇將起〉更可能編在前面，而〈鵬鵝〉則更可能編在後面。〈有皇將起〉末簡章節符號之下簡殘，殘缺之簡尚可寫八九字，或即〈鵬鵝〉「子遺我」前之文句。

　　另外所謂〈有皇將起〉是否只是一篇小賦，我覺得尚有疑問。或許這些簡是屬於同編一冊的多篇更簡短的賦，字數都只有一兩支簡。

　　當然事實究竟如何，還得等今後看見殘簡纔能明白了。〔註16〕

　　**張峰**：整理者將簡 4 上下拼連在一起，我們懷疑不正確。「將莫皇（？）今兮」不但與上下句式明顯不符，而且與全篇句式也不符（指的是「今兮」前面的字都是四字及以上，沒有三個字為一句的）。看大圖版之後，拼連處似也不是很密合，但因本篇殘損較多，我們又拿不出證據證明我們的猜測，姑從整理者。〔註17〕

　　**子居**：在讀書會關於〈有皇將起〉的校讀文章後的回帖中，馬楠與高佑仁先生指出簡 3 當與簡 1B 拼接，這就為〈有皇將起〉篇其它各簡的安排提供了一個直接的參照。按《上博八》原書內容，〈有皇將起〉篇簡 3 長 17.3 釐米，而簡 1B 長 21.3 釐米；再對照簡 4，殘為上下兩段，上段長 17.3 釐米，下段長 21.3 釐米；簡 6 也是殘為兩段，上段長 17.2 釐米，下段長 21.9 釐米。從三組數據中不難看出，殘斷位置是相當一致的，而〈有皇將起〉篇中，餘下的簡為簡 1A 長 17.4 釐米，簡 2 長 21.3 釐米，簡 5 長 21.6 釐米。從文句來看，簡 1A 與簡 5 存在拼接的可能，而簡 5 的陽部韻則可接於簡 6。按〈有皇將起〉諸簡下皆殘的情況，並結合上端不殘的各簡文句，可以推測出簡 2 可置於簡 3 之前，簡 3＋簡 1B 之後當為簡 4，簡 4 之後很可能就是〈鵬鵝〉篇全簡，〈鵬鵝〉篇的簡 2 與簡 1 之間的殘斷位置，正與〈有皇將起〉各簡下殘的情況相對應，而〈有皇將起〉簡 2 的殘斷情況決定了其與簡 6 之間至

---

〔註15〕　參見李銳先生在復旦吉大古文字專業研究生聯合讀書會〈上博八〈鵬鵝〉校讀〉（復旦大學出土文獻與古文字研究中心網站，2011 年 7 月 17 日）一文下的評論，2011 年 7 月 21 日。

〔註16〕　同上。

〔註17〕　張峰：《上博（八）·有皇將起》讀書筆記〉，武漢大學簡帛研究中心網站，2011 年 7 月 24 日。

少有 20 字的空缺。再看全篇首簡最可能是何簡，由於〈鳹鵜〉簡 1 與〈有皇將起〉簡 4 上端都只是一個整句的下半句，故不會是首簡，〈有皇將起〉簡 3 與簡 6 上端並非整句，自然也不會是首簡，那麼可考慮的就只有〈有皇將起〉的簡 1 與簡 2 了，因爲簡 2 上端殘損嚴重，無從得知內容爲何，而簡 1 的「有皇將起」作爲全篇首句則相當適合，因此可知，整理者所定簡 1 爲首簡，是有道理的。於是，按此順序編連後的情況即爲：

　　有皇將起今兮，助余教保子今兮，使遊於仁今兮，【有 01A－17－17.4】若余子力今兮。族緩緩必愼毋忤今兮，日月昭明今兮。視毋以三，【有 05－26－21.6】〔今兮，□□□□□〕

　　也今兮，命三夫之旁也今兮。膠膰秀余今兮，獨命三夫今兮。膠膰之睛也今兮，命夫三夫之青也今兮。┘【有 06－39－39.1】〔下殘約七字〕

　　　〔上殘約十四字〕自悔今兮，有過而能改今兮。無奉有諷今兮，同奉異心今兮，有奉【有 02－25－21.3】〔下殘約七字〕

　　大路今兮，稠椒與楮今兮。慮余子其速長今【有 03－16－17.3】兮，能與余相助今兮。可冀成夫今兮，能爲余拔楮株今兮。【有 01B－23－21.3】〔□□□□□〕

　　　今兮，從居而同欲今兮。周流天下今兮，將莫【有 04A－17－17.3】皇今兮。有不善心耳今兮，莫不變改今兮。如女子將泣今兮，【有 04B－23－21.3】〔□□□□□今兮〕

　　子遺余鳹鵜今兮，鳹鵜之趾今兮，欲衣而惡枲今兮。鳹鵜之羽今兮，子何舍余今兮。鳹鵜翩飛今【鳹 01－37－39.1】兮，不織而欲衣今兮。【鳹 02－08－10.3】

　　……這樣，原楚辭體的〈有皇將起〉篇就大致可讀了。該篇當是體現了一位希望找到好老師從而可以使孩子得到良好成長的父親，在沒能找到的情況下，孩子因貪慕榮華卻不願勞作的緣故離他而去的悲戚。〔註18〕

　　**金縢：** 補充一下，16 樓鄔可晶先生首先指出簡 1 与簡 3 的編聯關係。至於是否「簡 3＋簡 1 下」可能有問題。原來的編聯 1 上＋1 下「囟（思）遊於忎（仁）【眞部】今可（兮），能与余相蕫（惠）【質部】今可＝（兮）。」如同鄔可晶先生所指出是眞質對轉的關係。若改讀爲「慮余子其速長【陽部】

---

〔註18〕子居：〈上博八〈有皇將起〉再編連〉，孔子 2000 網「清華大學簡帛研究」專欄，2011 年 7 月 24 日。

今【3】今可（兮），能與余相薑（惠）【質部】今可＝（兮）。」則失韻了。〔註19〕

　　**李松儒**：港簡 10 的字跡特徵與〈有皇將起〉、〈鶗鴂〉的字跡特徵一致，應爲同一抄手所寫。不過該簡僅存兩字，無法與〈有皇將起〉、〈鶗鴂〉兩篇中的斷簡拼合，也無法確定是否能歸入〈有皇將起〉、〈鶗鴂〉篇中。〔註20〕

　　**邱敏文**：根據筆者上文考釋的過程，第一簡下「能爲余拜楮柧」與第三簡「敷（戠）與楮」「拜」是作「拔」，「拜楮柧」即拔楮柧，拔除惡木。「敷（戠）」作動詞使用，意思也與去除相類，即去除與楮。因此，兩者的關係是編連的關鍵，次序安排贊成學者的研究結果，應是：第 1 簡上、第 3 簡、第 1 簡下、第 2 簡、簡 4 簡、第 5 簡、第 6 簡。〔註21〕

　　**程少軒**：據上引整理者介紹，可知兩簡皆殘，簡 1 爲整簡的上、中兩段，簡 2 爲整簡的下段。我們認爲這兩支簡可以拼合成一支整簡，所謂簡 2 可綴於簡 1 下。簡 1 下端的「含」字基本完整，僅缺右下角一點點筆劃。而簡 2 上端殘膡筆劃恰能補全「含」字，如下圖：

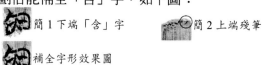

殘簡拼接處茬口看似並不密合，但仔細觀察圖版，可知竹簡斷開時，簡 1 在簡 2 竹黃面扯下一塊竹皮。……〈有皇將起〉竹簡形制，其實當與〈鶗鴂〉一致。這些竹簡，皆長 50 釐米左右，三道編繩，均有契口。簡上端距第一契口 1 釐米有餘，第一契口距第二契口 23 釐米左右，第二契口距第三契口亦 23 釐米左右，第三契口距簡末也是 1 釐米有餘。整理者對該篇竹簡的形制判斷錯誤，並因此遺漏了全部的第三段殘簡。

　　很多研究者感到〈有皇將起〉各簡之間很難連讀，這正是由於每簡皆遺漏第三段造成的。搞清楚這一點，爲今後尋找殘簡，進一步復原竹書提供了重要線索。

〔註19〕參見網友「金縢」在復旦吉大古文字專業研究生聯合讀書會〈上博八〈有皇將起〉校讀〉（復旦大學出土文獻與古文字研究中心網站，2011 年 7 月 17 日）一文下的評論，2011 年 8 月 23 日。

〔註20〕李松儒：〈戰國簡帛字跡研究〉，吉林大學博士學位論文，2012 年 4 月。

〔註21〕邱敏文：〈《上博八‧有皇將起》簡釋讀注譯〉，臺灣《靜宜中文學報》2012 年第 1 期。

　　前面拼合復原的〈鵻鵻〉全文僅五十字左右，不可能獨立編成一冊。〈有皇將起〉和〈鵻鵻〉兩篇，抄寫字體和文字間距完全一致，顯係一人一時抄寫。兩篇行文方式也基本一致，多使用五字句和四字句（不算語氣詞），每句句末都使用雙音節語氣詞「含可」。在已公佈的上博簡中，有這樣特徵的竹書僅此兩篇。我們認為，兩篇當是同冊編聯。

　　……如前所述，〈鵻鵻〉缺失的首句應與其餘幾句字數相仿，約七字上下，抄寫於前一支簡上。七字顯然無法抄滿一簡，所以〈鵻鵻〉應該是續前一篇竹書之末簡接抄。參照〈鵻鵻〉第三段字數，可知〈有皇將起〉末簡缺失部分尚可容下八九字，恰能接抄〈鵻鵻〉首句。這恐怕不是偶然的巧合。從竹簡殘斷的形態看（參附圖），只有在兩篇同冊編聯的情況下，才會出現所有竹簡均斷成上中下三截，斷口位置完全相同的情況。

　　……〈有皇將起〉以鳳凰起興，〈鵻鵻〉則以鵻鵻起興，兩篇皆以鳥為主題。它們之間的關係，與〈蘭賦〉和〈李頌〉的關係十分類似。或許抄手正是由於主題相近，而將〈有皇將起〉和〈鵻鵻〉抄於一冊的。〔註22〕

　　**陳按**：〈有皇將起〉、〈鵻鵻〉的編聯尚存疑問，學者也提出了許多很好的意見，以上已經一一列出。在相關討論成果的基礎之上，筆者嘗試作簡單的分析。

　　茲將〈有皇將起〉、〈鵻鵻〉兩篇整理者的綴合結果拆散，列表如下：

| 編　目 | 有1上 | 有1下 | 有2 | 有3 | 有4上 | 有4下 | 有5 | 有6上 | 有6下 | 鵻1上 | 鵻1下 | 鵻2 |
|---|---|---|---|---|---|---|---|---|---|---|---|---|
| 長度（釐米） | 17.4 | 21.3 | 21.3 | 17.3 | 17.3 | 21.3 | 21.6 | 17.2 | 21.9 | 17.4 | 21.7 | 10.3 |
| 字數（個） | 17 | 23 | 25 | 16 | 17 | 23 | 23 | 17 | 22 | 15 | 22 | 8 |

　　據整理者說法，〈有皇將起〉完簡長度約為 42 釐米，每簡約 39 字；編繩 3 道，簡端距第 1 契口約 1.3 釐米，第 1 契口距第 2 契口約 23 釐米，第 2 契口距第 3 編繩長約 16 釐米。共存 186 字，其中重文 3 字。並指出〈鵻鵻〉現存 45 字，全篇文字不會太長。

　　據程少軒先生的看法，〈鵻鵻〉簡 1 上、簡 1 下以及簡 2 可以綴合成完簡。綴合後的長度為 49.4 釐米，存字 45。將〈鵻鵻〉三支殘簡綴合為一支簡，斷口、文字均可相銜接，具有較高的可信度。

---

〔註22〕程少軒：〈上博八〈鵻鵻〉與〈有皇將起〉編冊小議〉，《中國文字》新 38 期，臺灣藝文印書館 2012 年版，第 113～120 頁。

已有學者將〈鶹鶛〉與〈有皇將起〉放在一起考慮，二者存在較多的共性，二者的殘斷情形也是一致的。〈有皇將起〉與〈鶹鶛〉上端未殘的竹簡，長度均在17.3釐米上下；上下端均殘的竹簡，長度均在21.6釐米上下。根據程少軒先生的研究，〈鶹鶛〉與〈有皇將起〉形制一致，同冊編聯。李銳等先生懷疑這兩篇詩歌可能是一篇，且〈鶹鶛〉在前。網友「子居」循此思路作了重新編聯，將二者編作一篇，將〈鶹鶛〉的文字置於篇末。然個中尚存疑問，〈有皇將起〉簡6下存在粗墨節篇章號 ❟ ，表示全篇結束，很難說該簡屬於篇章結尾以外的文字。此外，正如蔣文先生指出的，整理者將「皇」讀作鳳凰之「凰」，實無依據。鄔可晶先生將「有皇」與下文的「莫皇」相聯繫，進一步說明「皇」與「凰」無涉。故「子居」以鳳凰、鶹鶛對舉的思路（儘管這是古人筆下的常見對立意象〔註23〕）編聯全詩，仍是存在商榷餘地的。

〈有皇將起〉與〈鶹鶛〉是否是一篇文字，尚難遽定。但二者形制、字跡、用韻乃至用語的近同，是值得我們重視的。〈鶹鶛〉三支簡實際上當綴合為一支簡，這便為我們瞭解該篇形制提供了思路。事實上，整理者編聯〈有皇將起〉的結果，無一有下端完整者，整理者也未能說明第 3 契口到下端的距離。依照〈鶹鶛〉的編聯結果，為我們重新審視所謂〈有皇將起〉的形制提供了契機。

按照目前學者們取得的認識，〈有皇將起〉3 與〈有皇將起〉1 下可以綴合，〈鶹鶛〉三支簡可以綴合，整理者對〈有皇將起〉4、6 的綴合無誤。由筆者所列表格可知，這兩篇的竹簡殘損均為三段，第一段長度約 17.3 釐米，字數在 17 字左右；第二段長度約 21.6 釐米，字數在 23 字左右；第三段長度約 10.3 釐米，字數在 8 字上下。此外，韻部的和諧是也編聯這兩篇的重要參照。正如程少軒先生所指出的，整理者對〈有皇將起〉竹簡的形制判斷錯誤，並

---

〔註23〕古人往往將梟與鳳凰對舉。如《荀子‧賦》：「螭龍為蝘蜒，鴟梟為鳳皇。」《管子‧小匡》：「夫鳳凰鸞鳥不降，而鷹隼鴟梟豐。」賈誼〈弔屈原賦〉云：「鸞鳳伏竄兮，鴟梟翱翔。」《楚辭‧七諫‧怨世》：「梟鴉並進而俱鳴兮，鳳皇飛而高翔。」《春秋繁露‧五行順逆》：「梟鴟群鳴，鳳凰高翔。」《史記‧封禪書》：「今鳳皇麒麟不來，嘉穀不生，而蓬蒿藜莠茂，鴟梟數至，而欲封禪，毋乃不可乎？」（《管子‧封禪》、《漢書‧郊祀志》所記基本相同）《史記‧日者列傳》：「子獨不見鴟梟之與鳳皇翔乎？」《漢書‧揚雄傳》：「今子乃以鴟梟而笑鳳皇。」程少軒先生認為〈鶹鶛〉與〈有皇將起〉是將主題相近的兩篇合抄，如果這兩篇的主題確實分別與鶹鶛、鳳凰有關，則可與上述文獻相參看。

因此遺漏了全部的第三段殘簡。

在目前的條件下，將〈有皇將起〉作具體的編聯是不切實際的。保守的看法，可以將〈鶹鶒〉與〈有皇將起〉拆分爲七組，分別是：

1.〈鶹鶒〉簡1上＋〈鶹鶒〉簡1下＋〈鶹鶒〉簡2

2.〈有皇將起〉簡1上……

3.……〈有皇將起〉簡2……

4.……〈有皇將起〉簡5……

5.〈有皇將起〉簡4上＋〈有皇將起〉簡4下……

6.〈有皇將起〉簡3＋〈有皇將起〉簡1下……

7.〈有皇將起〉簡6上＋〈有皇將起〉簡6下

所謂的〈鶹鶒〉與〈有皇將起〉可能屬於同一篇詩歌，也可能是抄在一起的不同篇章（程少軒先生認爲〈鶹鶒〉可能緊隨〈有皇將起〉抄寫）。由於存在其他脫漏的文字，它們的次序尚難究明，個別細節尚難釐清，故以上排序並不代表編聯次第。正如對同輯〈蘭賦〉次序的排列，亦是權宜之計。

## （三）釋　文

**嚴式釋文：**

又（有）皇牆（將）記（起）含（今）可（兮），菫（助？）余孝（教）保子含（今）可（兮）。囡（使）遊於氐（仁）……【1上】

……自誨（悔）含（今）可（兮），又（有）怣（過）而能改含（今）可（兮）。亡（無）郣（奉）又（有）風含（今）可（兮），同郣（奉）異心含（今）可（兮）。又（有）郣（奉）……【2】

……若余子力含（今）可（兮）。族孱＝（孱孱－緩緩）必纑（慎）毋𦵏（忤？）含（今）可（兮），日月邵（昭）明含（今）可（兮）。視毋目（以）三誰……【5】

……含（今）可（兮），鹿（麗－離）尻（居）而同欲含（今）可（兮）。逰（周）流天下含（今）可（兮），牆（將）莫皇（惶）含（今）可（兮）。又（有）不善心耳含（今）可（兮），莫不夏（弁－變）改含（今）可（兮）。女＝（如女）子牆（將）深含（今）可（兮），……【4】

……大迠（路）含（今）可（兮），敦葳與楮含（今）可（兮）。慮（慮）

余子亓（其）速倀（長）【3】含（今）可（兮），能與余相董（助？）含（今）可（兮）。可＝（可（兮）。可）旹（期）成夫含（今）可（兮），能爲余拜（拔）楮柧含（今）可（兮）。……【1下】

……也含（今）可（兮），諭（命）三夫之旁也含（今）可（兮）。膠膈秀（誘？）余含（今）可（兮），蜀（囑）諭（命）三夫含（今）可（兮）。膠膈之睛（精）也含（今）可（兮），諭（命）夫三夫之禣（請？）也含（今）可（兮）　。【6】

### 寬式釋文：

有皇將起今兮，助（？）余教保子今兮。使遊於仁……

……自悔今兮，有過而能改今兮。無奉有風今兮，同奉異心今兮。有奉……

……若余子力今兮。族緩緩必慎毋忤（？）今兮，日月昭明今兮。視毋以三詿……

……今兮，離居而同欲今兮。周流天下今兮，將莫惶今兮。有不善心耳今兮，莫不變改今兮。如女子將深今兮……

……大路今兮，敦藏與楮今兮。慮余子其速長今兮，能與余相助（？）今兮。可期成夫今兮，能爲余拔楮柧今兮。……

……也今兮，命三夫之旁也今兮。膠膈誘（？）余今兮，囑命三夫今兮。膠膈之精也今兮，命夫三夫之請（？）也今兮。

### 整理者釋文：

又（有）皇牉（將）起（起）含可（兮），叀（惟）余孝（教）保子含可（兮）。囟（思）遊於悉（愛）含可（兮），能與余相叀（惠）含可＝（可（兮）。可（何））哀城（成）夫含可（兮），能爲余拜楮柧含可（兮）。【1】……□誨（誨）含可（兮），又（有）悆（過）而能改含可（兮）。亡都（奉）又（有）風含可（兮），同都（奉）異心含可（兮）。又（有）都（逢）【2】大迖（路）含可（兮），敦（載）萩（栽）與楮含可（兮）。慮（慮）余子亓（其）速倀（長）……【3】含可（兮），鹿（獨）尻而同欲含可（兮）。迪（周）流天下含可（兮），牉（將）莫皇（惶）含可（兮）。又不善心耳含可（兮），莫不叓（使）攸（修）含可（兮）。女＝（如女）子牉（將）淋（睞）含可（兮），【4】……□余子力含可（兮），族（奏）戀＝（緩緩）必纗（慎）毋

熒（勞？）含可（兮）。日月卲（昭）明含可（兮），視毋已（以）三誙（誑）【5】也含可（兮）。諭（命）三夫之旁（謗）也含可（兮），膠膅秀（誘）余含可（兮）。蜀（囑）諭（命）三夫含可（兮），膠膅之腈也含可（兮），諭（命）夫三夫之婧也含可（兮）╰！【6】

## （四）韻　讀

有皇將起（之部）今兮，助（？）余教保子（之部）今兮。使遊於仁（眞部）……

……自悔（之部）今兮，有過而能改（之部）今兮。無奉有風（侵部）今兮，同奉異心（侵部）今兮。有奉……

……若余子力（職部）今兮。族緩緩必愼毋忤（？‧魚部）今兮，日月昭明（陽部）今兮。視毋以三誙（陽部）……

……今兮，離居而同欲（屋部）今兮。周流天下（魚部）今兮，將莫惶（陽部）今兮。有不善心耳（之部）今兮，莫不變改（之部）今兮。如女子將深（緝部）今兮……

……大路（魚部）今兮，敦葴與楮（鐸部）今兮。慮余子其速長（陽部）今兮，能與余相助（？‧魚部）今兮。可期成夫（魚部）今兮，能爲余拔楮秕（魚部）今兮。……

……也今兮，命三夫之旁（陽部）也今兮。膠膅誘（？）余（魚部）今兮，囑命三夫（魚部）今兮。膠膅之精（耕部）也今兮，命夫三夫之請（？‧耕部）也今兮。

說明：復旦吉大古文字專業研究生聯合讀書會已有初步分析。

## （五）集　釋

### 1. 又（有）皇牲（將）记（起）含（今）可（兮），萤（助？）余爻（教）保子含（今）可（兮）。

（1）句解

該句整理者作「又（有）皇牲（將）记（起）含可（兮），叓（惟）余爻（教）保子含可（兮）」，整理者指出，簡文以「有皇將起」起首，下文雖不再言及鳳皇，但其諷詠之旨，仍可管窺一二。《楚辭‧九章‧涉江》亂曰：「鸞

鳥鳳皇，日以遠兮。」王逸注：「鸞、鳳，俊鳥也。有聖君則來，無德則去，以與賢臣難進易退也。」姜亮夫先生指出，「然此等句義，詞面雖皆言鳳皇鸞鳥，而詞底大體以喻賢者之士，失志在下，此文藝設喻之一手法」（《楚辭通故》），可以參考〔註24〕。復旦吉大古文字專業研究生聯合讀書會作「又（有）皇（鳳）牂（將）辵（起）今可（兮），董（助）余孝（教）保子今可（兮）」〔註25〕。筆者作「又（有）皇牂（將）辵（起）含（今）可（兮），董（助？）余孝（教）保子含（今）可（兮）」。全句謂作者希望某人（或某物）助己教導培養孩子。

（2）又

**整理者**：「又」，讀爲「有」，楚簡及典籍習見，簡文用作虛詞。〔註26〕

（3）皇

**整理者**：「皇」，鳥名，古代傳說中的瑞鳥，後世字寫作「鳳」。……古書中，一般不分雌雄，統稱之「鳳皇」，或簡稱「鳳」，單稱「皇」者不多見。〔註27〕

**蔣文**：將「皇」讀爲「鳳」似乎並沒有什麼依據，頗懷疑「有皇」即「皇皇」，是修飾「將起」的。「有皇將起」可能是本篇描寫的主體，也可能只是起興。〔註28〕

**樂遊懷風**：似乎起興的可能大些，亂猜一下，下文「周流天下，將莫皇今兮」也可能與《玉臺新詠》所收漢代樂府琴曲中「遨遊四海求其凰」句義相類，然闕文太多，終難確證。〔註29〕

---

〔註24〕馬承源主編：《上海博物館藏戰國楚竹書（八）》，上海古籍出版社 2011 年版，第 272、273 頁。

〔註25〕復旦吉大古文字專業研究生聯合讀書會：〈上博八〈有皇將起〉校讀〉，復旦大學出土文獻與古文字研究中心網站，2011 年 7 月 17 日。

〔註26〕馬承源主編：《上海博物館藏戰國楚竹書（八）》，上海古籍出版社 2011 年版，第 272 頁。

〔註27〕同上。

〔註28〕參見蔣文先生在復旦吉大古文字專業研究生聯合讀書會〈上博八〈有皇將起〉校讀〉（復旦大學出土文獻與古文字研究中心網站，2011 年 7 月 17 日）一文下的評論，2011 年 7 月 17 日。

〔註29〕參見網友「樂遊懷風」在復旦吉大古文字專業研究生聯合讀書會〈上博八〈有皇將起〉校讀〉（復旦大學出土文獻與古文字研究中心網站，2011 年 7 月 17 日）一文下的評論，2011 年 7 月 17 日。

　　**鄔可晶**：代表復吉聯合讀書會發幾條補充意見：「有皇將起」的「皇」疑可讀爲違暇之「違」。簡4有「周流天下今兮，將莫皇今兮」，「莫皇」讀爲「莫違」，與「有違」相對。〔註30〕

　　**子居**：皇即鳳，整理者已指出。此處又寓意爲「匡」，用指匡正者。皇與匡可互訓，如《詩經・豳風・破斧》：「周公東征，四國是皇。」毛傳：「皇，匡也。」王應麟《詩考・齊詩》：「董氏曰：『《齊詩》作四國是匡』，賈公彥引以爲據。」《爾雅・釋言》：「皇、匡，正也。」〔註31〕

　　**邱敏文**：《楚辭》中「皇」字作鳥名時多是「鸞皇」、「鳳皇」，如〈離騷〉：「鸞皇爲余先戒兮，雷師告余以未具」；「鳳皇既受詒兮，恐高辛之先我」；「鳳皇翼其承旂兮，高翱翔之翼翼」。又〈九章・涉江〉：「鸞鳥鳳皇，日以遠兮。」洪興祖《補註》指「鸞鳳」是「俊鳥也。」「皇」字前多有形容詞，而此處則是簡省成單一「皇」字，與前一「有」字合爲「有皇」，是和「有夏」、「有周」詞頭「有」字的使用相仿，皆是作語助詞。故此「皇」字作名詞「鳳皇（凰）」。「有皇將起」以鳳凰作起興，引起後文所詠的內容。

　　曹錦炎引姜亮夫《楚辭通故》以「鳳凰鸞鳥」，「大體以喻賢者之士」，但深究文章內容，此文「皇（凰）」的使用筆者認爲比喻的對象應是君王，且《楚辭》中亦有以「皇（凰）」爲君王，如〈離騷〉：「豈余身之憚殃兮，恐皇輿之敗績。」洪興祖《補註》云：「皇，君也。」又〈九章・哀郢〉：「皇天之不純命兮，何百姓之震愆？」洪興祖《補註》云：「德美大稱皇天，以興君也。」故〈有皇將起〉此「皇」指君王較曹錦炎所言「喻賢者之士」更爲適宜。〔註32〕

　　**陳按**：「又皇」的涵義難以確定，整理者的說法不能完全否定，然並無充分的證據。鄔可晶先生將其與下文的「莫皇」聯繫，也是有道理的。同時也不能排除讀作「有惶將起」上承〈鴟鴞〉的可能。限於材料闕如，有待進一步研究。

〔註30〕參見鄔可晶先生在復旦吉大古文字專業研究生聯合讀書會〈上博八〈有皇將起〉校讀〉（復旦大學出土文獻與古文字研究中心網站，2011年7月17日）一文下的評論，2011年7月17日。

〔註31〕子居：〈上博八〈有皇將起〉再編連〉註2，孔子2000網「清華大學簡帛研究」專欄，2011年7月24日。

〔註32〕邱敏文：《《上博八・有皇將起》簡釋讀注譯〉，臺灣《靜宜中文學報》2012年第1期。

（4）迟

**整理者**：「迟」，即「起」，《說文》以爲「起」字古文。……《說文》：「起，能立也。」物體自下向上的動作，此處引申爲飛起，飛翔。《孫子‧行軍》：「鳥起者，伏也。」「起」字用法相同。〔註33〕

**高佑仁**：簡1：迟（起）嚴式隸定應從「己」不從「已」，原考釋者隸定較妥（陳按：就讀書會的隸定而言）。〔註34〕

（5）含可

**整理者**：「含可」，讀爲「含兮」，語氣詞，相當於現代詩歌中的「哎啊」。本篇使用雙音節語氣詞「含兮」，在楚辭中屬首見。〔註35〕

**黃人二、趙思木**：「可」字在上博八很多篇中，都是當作虛詞用途的句尾助詞，若〈蘭賦〉、〈李頌〉，是語氣於此稍駐的一個小轉折，即《說文》所云「語所稽也」，相當於《楚辭》的「兮」字用法。至於此字前面那個「含」字，要如何解釋，似乎較爲爲難，同時，「含可」一詞，也出現在〈有皇將起〉一篇。我認爲，簡文此字，應視爲一從口、勻聲之字，讀爲「只」。

〈鷗鶼〉、〈有皇將起〉其字，大多數是作 的字形，極少部分作 的字形。於此，還要將甲文、金文的字形拉入做對比研究。「今」（包括「含」）字的標準寫法，甲文爲 、，金文爲 、。「勻」（包括「均」）的寫法，金文爲 、。「今」字的下方，爲一筆或二筆，「勻」字的特點，在於左上方偏旁的寫法。時至戰國，兩字的寫法，有了謠混，「勻」字的特點，除了左上方的字形之外，還在於像簡文 右邊偏旁的在兩橫畫間以一直筆連結起來的寫法，與「今」字不同。這點，可以參看包山簡第129、160簡的「勻」字字形，與郭店簡〈唐虞之道〉簡二「均」字、簡八從「含」的「咸」字兩者關係的差異，得到證明。我的意思是，上博八簡文其字，應該寫作像包山簡第129、160簡「勻」字的字形，通假爲「只」。

---

〔註33〕馬承源主編：《上海博物館藏戰國楚竹書（八）》，上海古籍出版社2011年版，第273頁。

〔註34〕參見高佑仁先生在復旦吉大古文字專業研究生聯合讀書會〈上博八〈有皇將起〉校讀〉（復旦大學出土文獻與古文字研究中心網站，2011年7月17日）一文下的評論，2011年7月20日。

〔註35〕馬承源主編：《上海博物館藏戰國楚竹書（八）》，上海古籍出版社2011年版，第273頁。

最後再加以總結，「只」做爲句尾虛詞，我們知道，最典型的一篇傳世文獻，是出現於《楚辭·大招》，但也出現在若《詩·鄘風·柏舟》「母也天只，不諒人只」中；「兮」字就很常見了，代表的文獻當是《楚辭·離騷》一篇。簡文於此，對於「只」、「兮」兩個語氣詞，做了結合使用的運用，在現在所見出土或傳世漢籍文獻之中，寔屬罕見之例。「匀」古聲母擬作 g、韻爲眞部，「只」古聲母擬作 k、韻爲佳部，聲母很近，韻部上面，佳部與脂部很近，而眞部與脂部爲陰陽對轉的關係，是以將簡文此一難字，通假爲「只」。退一步想，若把簡文其字視爲「含」，其字於古爲匣母、侵部之字，與「只」字的韻部稍遠，但聲母同爲喉音，其可互通，可能有某些地域方言的因素，不爲我們所知曉。〔註 36〕

**高佑仁**：〈有皇將起〉、〈鶹鷅〉等篇所謂的「今兮」原考釋者作「含兮」，先前曹錦炎先生所發表的〈上海博物館藏戰國楚竹書《楚辭》〉一文中也是如此，我已在跟帖中（第 3 樓）懷疑「含兮」讀「今兮」。〔註 37〕

**蘇建洲**：「今兮」是什麼呢？「今」有無可能讀爲「懿、噫」等嘆辭呢？楚文字「酓」（影紐侵部）可讀爲「熊」（匣紐蒸部），則「今」（見紐侵部）可讀爲「能」（泥紐之部），自然也與「噫」（影紐職部）音相近。此外，罷，既讀「能」，又讀「一」。「一」便與「噫」、「懿」聲韻相近，常見通假。則「今」或許可以讀爲「噫」等。李白〈大獵賦〉有「崑崙叱兮可倒。宇宙噫兮增雄。」可以參考。〔註 38〕

**孟蓬生**：李白詩「噫」字似乎是用如動詞。我也在琢磨「今」字的用法，懷疑類似今天的「嗯（hm）」或者「哼 hng」，象聲詞，描摹哼唱時發出的的聲音，取其抒情助氣而已。〔註 39〕

---

〔註 36〕 黃人二、趙思木：〈讀《上海博物館藏戰國楚竹書（八）·鶹鷅》書後〉，武漢大學簡帛研究中心網站，2011 年 7 月 18 日。

〔註 37〕 參見高佑仁先生在復旦吉大古文字專業研究生聯合讀書會〈上博八〈有皇將起〉校讀〉（復旦大學出土文獻與古文字研究中心網站，2011 年 7 月 17 日）一文下的評論，2011 年 7 月 18 日。

〔註 38〕 參見蘇建洲先生在復旦吉大古文字專業研究生聯合讀書會〈上博八〈有皇將起〉校讀〉（復旦大學出土文獻與古文字研究中心網站，2011 年 7 月 17 日）一文下的評論，2011 年 7 月 18 日。

〔註 39〕 參見孟蓬生先生在復旦吉大古文字專業研究生聯合讀書會〈上博八〈有皇將起〉校讀〉（復旦大學出土文獻與古文字研究中心網站，2011 年 7 月 17 日）一文下的評論，2011 年 7 月 19 日。

蘇建洲：「今兮」是兩個發語詞的結合，加上孔穎達云：「古人發聲多云噫」，所以我纔猜測今與噫的關係。

先生所指出的「噫」很有意思，《禮記・曾子問》「祝聲三」鄭玄注：「聲，噫歆警神也。」《日知錄》：「噫歆者，歎息而欲神之歆也。」郝懿行《證俗文》：「牟默人謂余曰：噫音乙戒反，歆讀如亨。噫歆，歎聲，警神，冀神聽之也。興亦歆也。」等等，正好有「噫歆」的說法。〔註40〕

孟蓬生：凡發聲助氣之詞，文無定字，取其聲似。其初字聲與人聲必務求其近，而其後聲音遞轉，言文分離，有不近者焉，此「嗚呼」之由「aha」而「uhu」也。然「aha」之爲發聲仍存乎今之世也，是古人之嘆詞，可以今人之口舌徵之。「今」或「歆」古音收-m尾，故推知其音近「hm」（即今語之「噷」）。又「歆」或轉爲「興」（-ng尾），故推知其音近「hng」（即今語之「哼」）。其今字、歆字、興字必有元音，而其聲不必有元音者，字音不必全同發聲，此表意文字轉用爲記音之先天不足也。設古人有注音之法，吾知其必擬其音爲「hm」或「hng」也。〔註41〕

陳按：所謂「含兮」，係兩個語氣詞疊用，無甚意涵。以「含兮」作詩歌語氣詞，前所未見。「含」，即楚簡的「今」。黃人二、趙思木先生以爲「含」讀作「只」，恐未必然。曹錦炎先生已經指出，楚簡中「也」、「只」產生譌誤的機率非常高，如果同意《楚辭》中的「也」字譌誤成「只」這個看法，那麼在《楚辭》中用作句末語氣詞的「只」，其實就是常見用作語氣詞的「也」字，一點也不深奧難懂，《詩經》中的「只」字，亦應作如是觀〔註42〕。曹先生的論證極有見地，從文字學角度看是完全可以成立的。不過筆者尚持保留態度。通過梳理《詩經》、《楚辭》等韻文材料中可作句尾語氣詞的詞，筆者發現它們主要分佈於歌部與之部。其中「也」在餘母歌部，「些」在心母歌部，「猗」在影母歌部，「呵（相當於「兮」）」在曉母歌部；「哉」在精

〔註40〕 參見蘇建洲先生在復旦吉大古文字專業研究生聯合讀書會〈上博八〈有皇將起〉校讀〉（復旦大學出土文獻與古文字研究中心網站，2011 年 7 月 17 日）一文下的評論，2011 年 7 月 19 日。

〔註41〕 參見孟蓬生先生在復旦吉大古文字專業研究生聯合讀書會〈上博八〈有皇將起〉校讀〉（復旦大學出土文獻與古文字研究中心網站，2011 年 7 月 17 日）一文下的評論，2011 年 7 月 19 日。

〔註42〕 曹錦炎：〈楚辭新知〉，武漢大學簡帛研究中心網站，2011 年 3 月 14 日。又見武漢大學簡帛研究中心編《簡帛》第 6 輯，上海古籍出版社 2011 年版。

母之部，「矣」在匣母之部，「而」在日母之部，「思」在心母之部，「之」在章母之部，「止」在章母之部，至於章母之部的「只」，則不一定是「也」的譌誤。

李零先生在《簡帛古書與學術源流》一書中曾指出上博簡楚辭所出現的「含兮（或今兮）」可能是和聲唱法中的語氣詞〔註43〕，該書並有附錄〈張鳴論和聲概念書〉，可以參看。

（6）叀

**整理者**：「叀」，語氣詞，同「惟」。「叀」作爲語氣詞，在甲骨文中與「佳」並見，金文則少見，古書偶用之，字作「惠」。《書·洛誥》：「惠篤敍，無有遘自疾。」曾運乾謂：「（惠）讀爲惟，語詞。〈酒誥〉『予不惟若茲多誥』，石經惟作惠，可證。」（《尚書正讀》）〔註44〕

**復旦吉大古文字專業研究生聯合讀書會**：叀字作 ▓ 形，當爲清華簡〈皇門〉所見 ▓ 字的省體，以前有學者直接釋爲「助」，若此處讀爲助，可謂文從字順。〔註45〕

**鄔可晶**：釋文讀爲「助」之字，當釋讀爲「惠」。此賦兩句押韻，「仁」是眞部字，「惠」一般歸爲質部字，釋讀爲「惠」與上一句「仁」質、眞押韻（陽入對轉）。〔註46〕

**高佑仁**：細看是將字類化成楚簡常見的「來」形，再加圈形外框。〔註47〕
補充說明一下，拙見的分析是據讀書會的切圖，但讀書會注1是討論第1簡的第1個，但圖似乎切成第2個字，現在看來第1個上半還是保留「屮」的寫法，第2字纔類化作「來」形，這種來形也出現在「華」、「差」、「每」、

〔註43〕 李零：《簡帛古書與學術源流》，生活·讀書·新知三聯書店 2007 年版，第 359 頁。

〔註44〕 馬承源主編：《上海博物館藏戰國楚竹書（八）》，上海古籍出版社 2011 年版，第 273 頁。

〔註45〕 復旦吉大古文字專業研究生聯合讀書會：〈上博八〈有皇將起〉校讀〉註1，復旦大學出土文獻與古文字研究中心網站，2011 年 7 月 17 日。

〔註46〕 參見鄔可晶先生在復旦吉大古文字專業研究生聯合讀書會〈上博八〈有皇將起〉校讀〉（復旦大學出土文獻與古文字研究中心網站，2011 年 7 月 17 日）一文下的評論，2011 年 7 月 17 日。

〔註47〕 參見高佑仁先生在復旦吉大古文字專業研究生聯合讀書會〈上博八〈有皇將起〉校讀〉（復旦大學出土文獻與古文字研究中心網站，2011 年 7 月 17 日）一文下的評論，2011 年 7 月 17 日。

「夌」、「李」、「棗」、「嗇」等字中。〔註48〕

　　**張峰**：該字簡文中作 （簡1上）、（簡1下），上部小異，中間的交叉筆形是穿透的，與楚簡「史」、「貴」所從的左右兩撇不同（「貴」字左右是贅加的兩撇，可有可無）。所以將該字丟掉左右兩撇釋爲「更」則可能不成立。讀書會已指出是《清華簡‧皇門》的省體，釋爲「助」（具體可參看李學勤主編：《清華大學藏戰國竹簡（壹）》（下冊），中西書局，2010年12月，第166頁，註釋12）。助爲崇母魚部字，從長之字均在陽部，讀書會指出魚、陽對轉。「相助」一詞典籍常見，如：「三、同好相固，四、同惡相助。」（《逸周書‧大武解》）《逸周書彙校集注》引唐大沛云：「好善惡惡之情同，故相固守相輔助也。」（黃懷信等撰，李學勤審定：《逸周書彙校集注（上冊）》，上海古籍出版社，1995年12月，第118頁。）〔註49〕

　　**金滕**：讀書會原本將「薑」讀爲「助」是不對的，陳劍、董珊先生已有說明（http://www.gwz.fudan.edu.cn/SrcShow.asp？Src_ID=1477）。所以從讀爲「助」爲出發進行韻讀的判斷自然是有問題的。〔註50〕

　　**邱敏文**：推敲「」字，「」應是《說文》中與「离」同部的「禼」字。《說文》：「禼，蟲也。从厹象形讀與偰同。古文禼。」又《汗簡》的「契」字亦作「」、「」形。「偰」、「契」皆古音心母月部，「契」、「挈」古音溪母月部，又「協」古音曉母葉部，音近，可相通假。

　　「協」字《說文》：「同眾之龢也。」段《注》：「一如同力」此「」字隸作「禼」字，假借作「協」。第一簡上「（協）余（教）保子含可（兮）」，譯作：協助我（保傅）教導保子。第一簡下「能與余相（協）含可=（可（兮）。可（何））」譯作：能與我這保傅互相協助。上下文意相輔相成。從押韻的情形觀察，同屬第一簡下的「能與余相更（協）含可＝，哀城（成）夫含可（兮），能爲余拜楮柧含可（兮）。」「夫」古音幫母魚部、又並母魚

---

〔註48〕參見高佑仁先生在復旦吉大古文字專業研究生聯合讀書會〈上博八〈有皇將起〉校讀〉（復旦大學出土文獻與古文字研究中心網站，2011年7月17日）一文下的評論，2011年7月18日。

〔註49〕張峰：〈《上博（八）‧有皇將起》讀書筆記〉，武漢大學簡帛研究中心網站，2011年7月24日。

〔註50〕參見網友「金滕」在復旦吉大古文字專業研究生聯合讀書會〈上博八〈有皇將起〉校讀〉（復旦大學出土文獻與古文字研究中心網站，2011年7月17日）一文下的評論，2011年8月23日。

部，「柧」古音見母魚部，押魚韻的夫、柧與押葉韻的協，因李存智已有論證魚、葉在古音有通假的情形，故協、夫、柧可以押韻。〔註 51〕

**陳按**：無論「壴」能否讀作「助」，它都是有「助」義的，這在金文及清華簡中都有出現，已有學者作過討論〔註 52〕。

（7）余

**整理者**：「余」，代詞，表第一人稱，我。……楚文字用作第一人稱的字，常常寫作「虘」，也有寫作「余」的，見銅器銘文。值得指出的是，本篇表第一人稱全用「余」字，而《楚辭》第一人稱，也是以「余」字爲主，全書計用「余」字多達一百七十一見，其使用量比「予」、「吾」、「我」、「朕」四字之總和一百二十四者，尚多四十七次。因此，姜亮夫先生認爲：「『余』者蓋《屈賦》第一人稱代詞之主要成分，且爲戰國以來最多之一家。」（《楚辭通故》）大量用「余」，也是《楚辭》的一大特色。〔註 53〕

（8）斈保子

**整理者**：「斈」，《說文》謂：「放也。從子，爻聲。」以其爲「教」字所從偏旁。按「斈」實即「教」字古文，見《汗簡》、《古文四聲韻》引郭昭卿《字指》「教」字古文。……教，教育，傳授知識。……「保子」，本指繈褓中的嬰兒。《大戴禮記・王言》：「上之親下也，如腹心；則下之親上也，如保子之見慈母也。」從本篇上下文義來看，簡文之「保子」指未成年的貴族子弟，很有可能是楚國君位的繼承人，即嗣君（董仲舒《春秋繁露・精華》謂「春秋之法，未逾年之君稱子」）。詩人擔任「教保子」之事，其職司相當於保傅之職。〔註 54〕

**復旦吉大古文字專業研究生聯合讀書會**：「教保子」，原釋文以保子連讀，謂「保子」指未成年的貴族子弟。「保子」一語不見於文獻，保也可能爲動詞，

〔註 51〕邱敏文：〈《上博八・有皇將起》簡釋讀注譯〉，臺灣《靜宜中文學報》2012年第 1 期。

〔註 52〕楊安：〈「助」、「更」考辨〉，《中國文字》新 37 期，臺灣藝文印書館 2012 年版；何樹環：〈金文「更」字別解——兼及「惠」〉，臺灣《政大中文學報》第 17 期，2012 年 6 月；馬楠：〈據《清華簡》釋讀金文、《尚書》兩則〉，《深圳大學學報》（人文社會科學版）2012 年第 2 期。

〔註 53〕馬承源主編：《上海博物館藏戰國楚竹書（八）》，上海古籍出版社 2011 年版，第 273 頁。

〔註 54〕同上。

教、保二動詞連用。〔註55〕

張峰：整理者已指出《大戴禮記・主言》「上之親下也，如腹心；則下之親上也，如保子之見慈母也」之「保子」爲繈褓中的嬰兒，我們認爲是很正確的。保子簡文中又可以省作子。

讀書會認爲「保子」一語不見於文獻，似乎對上整理者所引《大戴禮記》那句話有異議。其又見《孔子家語・王言解》：「上之亲下也，如手足之於腹心；下之親上也，如幼子之於慈母矣。」「保子」作「幼子」。〔註56〕

邱敏文：此應從曹錦炎之說。「保子」後文或省作「子」。「協余教保子含可（兮）」，「余」應是保傅。〔註57〕

陳按：無論是「保子」連讀，還是「教」、「保」動詞連用，對象都應該是作者之子（「余子」）。「教」、「保」動詞連用的可能性似乎更大些。

## 2. 囟（使）遊於忎（仁）⋯⋯

### （1）句解

該句整理者作「囟（思）遊於悉（愛）含可（兮）」〔註58〕，復旦吉大古文字專業研究生聯合讀書會作「囟（思）遊於忎（仁）今可（兮）」〔註59〕。筆者作「囟（使）遊於忎（仁）⋯⋯」。該句謂使某人一心向仁。

### （2）囟

整理者：「囟」，《說文》謂：「頭會腦蓋也，象形。」囟，讀爲「思」，「思」字從「囟」得聲，可通。在楚簡卜筮類簡中，表示希冀義的「囟」字，或作「思」，見望山楚簡和包山楚簡。簡文之「囟」（思），也表示希冀。〔註60〕

---

〔註55〕復旦吉大古文字專業研究生聯合讀書會：〈上博八〈有皇將起〉校讀〉註2，復旦大學出土文獻與古文字研究中心網站，2011年7月17日。

〔註56〕張峰：〈《上博（八）・有皇將起》讀書筆記〉，武漢大學簡帛研究中心網站，2011年7月24日。

〔註57〕邱敏文：〈《上博八・有皇將起》簡釋讀注譯〉，臺灣《靜宜中文學報》2012年第1期。

〔註58〕馬承源主編：《上海博物館藏戰國楚竹書（八）》，上海古籍出版社2011年版，第272頁。

〔註59〕復旦吉大古文字專業研究生聯合讀書會：〈上博八〈有皇將起〉校讀〉，復旦大學出土文獻與古文字研究中心網站，2011年7月17日。

〔註60〕馬承源主編：《上海博物館藏戰國楚竹書（八）》，上海古籍出版社2011年版，第274頁。

　　**鄔可晶**：代表復吉聯合讀書會發幾條補充意見：簡 1「囟（思）遊於忎（仁）今可（兮）」，「囟」當讀爲「使」。〔註61〕

　　**陳按**：讀「囟」作「使」可從。

## （3）遊

　　**整理者**：「遊」，求學。《孟子·盡心上》：「故觀於海者難爲水，遊於聖人之門者難爲言。」《墨子·公孟》：「有遊於子墨子之門者。」〔註62〕

　　**陳按**：整理者將「遊」解釋作求學，可疑。按「遊於仁」的表述近於《論語·述而》的「志於道，據於德，依於仁，遊於藝」〔註63〕。《論語·述而》中的「遊於藝」，皇本「遊」作「游」，「游」、「遊」每通用。《禮記·少儀》亦云：「士依於德，游於藝；工依於法，游於說。」唐石經「游」作「遊」。相似的句子亦見諸郭店簡〈語叢·三〉50、51：「志於道，狎於德，厎於仁，遊於藝。」其中「狎」寫作「麇」，即「甲」，這裏讀作「狎」，〈緇衣〉所謂「德易狎而難親」可以參看；「厎」字陳偉先生讀作「庇」，李零先生讀作「比」〔註64〕。總之，「狎」與「厎」的涵義與「志」、「據」、「依」相近。上博簡〈君子爲禮〉1 亦云：「君子爲禮，以依於仁。」均可與簡文的「遊於仁」參看。

　　關於《論語》「遊於藝」的「遊」，何晏注謂「藝，六藝也，不足據依，故曰遊」，邢昺疏云：「此六者（按：指六藝），所以飾身耳，劣於道德與仁，故不足依據，故但曰遊。」皇侃《義疏》強調「遍游歷以知之」，朱熹《集注》認爲是「玩物適情之謂」。楊伯峻先生譯作「遊憩」〔註65〕，李零先生理解作「遊心」〔註66〕，持論大抵一致。此外，李澤厚先生認爲指熟練掌握六藝〔註67〕，或以爲指涉研習。可見，關於《論語》該句的「遊」，主要有何晏等人所謂「藝」不足據的說法，以及朱熹等人「玩物適情」的認識，而後

〔註61〕參見鄔可晶先生在復旦吉大古文字專業研究生聯合讀書會〈上博八〈有皇將起〉校讀〉（復旦大學出土文獻與古文字研究中心網站，2011 年 7 月 17 日）一文下的評論，2011 年 7 月 17 日。

〔註62〕馬承源主編：《上海博物館藏戰國楚竹書（八）》，上海古籍出版社 2011 年版，第 274 頁。

〔註63〕定州漢墓竹簡本句「志於」以下缺文。

〔註64〕參見陳偉等著《楚地出土戰國簡冊（十四種）》，經濟科學出版社 2009 年版，第 261 頁。

〔註65〕楊伯峻：《論語譯注》，中華書局 1980 年版，第 67 頁。

〔註66〕李零：《喪家狗——我讀《論語》》，山西人民 2007 年版，第 146 頁。

〔註67〕李澤厚：《論語今讀》，安徽文藝出版社 1998 年版，第 179 頁。

者市場顯然更大。

前輩學者都已經注意到《禮記・學記》的一段話：

> 不興其藝，不能樂學。故君子之於學也，藏焉，脩焉，息焉，
> 遊焉。夫然，故安其學而親其師，樂其友而信其道。是以雖離師輔
> 而不反。

這段話儼然是「遊於藝」的注腳，故學者對「遊」「玩物適情」層面的舊訓幾乎深信不疑，而基於這一理解的演繹與發揮更不少見——強調「遊」之觀念，並據此說明孔子的教育觀。

六藝本身是儒家學說的基石，舊注「不足據依，故曰遊」的說法是值得懷疑的。而從「玩物適情」的方向理解「遊於藝」的「遊」有其合理性，文義亦可疏通，然有過度發揮之嫌。

饒有興味的是，〈有皇將起〉見及「使遊於仁」的記述。顯然，「遊於仁」與「遊於藝」的結構相近，二者的「遊」也很可能是同一個意思。

如果承認二者的「遊」是同一個意思，那麼過去對《論語》「遊」的訓釋，便很難套用在〈有皇將起〉的「遊於仁」之上，對「遊」的訓釋便當重新考慮。愚意以為，《論語》中「游（遊）」或與「志」、「據」、「依」（包括郭店簡所見「狎」、「厌」）義近，簡文的「遊於仁」的「遊」亦當作此理解。

「游（遊）」或當讀作「由」。「斿」與「由」是通用聲素〔註68〕，「由」與「游（遊）」並隸餘紐幽部，雙聲疊韻，可以相通。《左傳》成公十六年：「潘尪之黨與養由基蹲甲而射之。」《漢書・班固傳》「由」作「游」。《文選・檄吳將校部曲文》：「則將軍蘇游反為內應。」李善注云：「《魏志》曰：『尙攻譚，留蘇由守鄴。』游與由同。」《文選・阮籍〈詠懷詩十七首〉之八》：「素質遊商聲，悽愴傷我心。」李善注引沈約語謂「遊字應作由」。朱駿聲《說文通訓定聲・孚部》云：「遊，叚借為由。」上博簡〈性情論〉21出現的4個「斿」以及〈子羔〉7的「遊」均讀作「由」。「由」與「游（遊）」音近可通，且有相關辭例予以佐證。

「由」可訓「從」，即遵從之義。《詩經・大雅・假樂》云：「不愆不忘，率由舊章。」高亨注云：「由，從也。」〔註69〕《論語・泰伯》：「民可使由

---

〔註68〕張儒、劉毓慶：《漢字通用聲素研究》，山西古籍出版社2002年版，第123頁。

〔註69〕高亨：《詩經今注》，上海古籍出版社2009年版，第413頁。

之，不可使知之。」鄭玄注云：「由，從也。」另「由」可指涉踐行。《孟子・公孫丑上》：「隘與不恭，君子不由也。」《禮記・經解》云：「是故隆禮由禮，謂之有方之士；不隆禮不由禮，謂之無方之民。」孔穎達《正義》云：「由，行也。」孫希旦《集解》謂「由」指「踐履之」。可見，這一涵義的「由」與「志」、「據」、「依」（包括郭店簡所見「狎」、「厌」）的意義相近。

　　將「游（遊）」讀作「由」，則《論語・述而》、郭店簡〈語叢・三〉、《禮記・少儀》所見「游（遊）於藝」的「游（遊）」可得疏通，蓋「由」與「志」、「據」、「依」義近。所謂「志於道」、「據於德」、「依於仁」、「游於藝」結構一致，對應謹嚴，「道」、「德」、「仁」、「藝」均為孔子所強調的對象，並無厚此薄彼之嫌。至於〈有皇將起〉簡文所見「遊於仁」的「遊」，亦當作此理解。「遊於仁」相當於「由於仁」，與《論語・述而》中的「依於仁」相近，亦可與《論語・里仁》中的「志於仁」合觀。「由於」一語，亦可參看《列子・楊朱》：「安上不由於忠，而忠名滅焉；利物不由於義，而義名絕焉。」

　　總之，將「遊」讀作「由」，《論語・述而》「遊於藝」與上博簡〈有皇將起〉的「遊於仁」的「遊」均可以得到合理解釋，且可以迴避有關矛盾。

　　（4）忎

　　**整理者**：「忎」，字見於《說文》，訓為「惠也」。按「忎」實即「愛」字或體。……愛，仁惠，仁愛。〔註70〕

　　**復旦吉大古文字專業研究生聯合讀書會**：簡文「忎（仁）」作 形，與愛字上部不同，整理者釋為愛，不確。〔註71〕

　　**邱敏文**：《說文》「仁」字古文為「」，即是作此形，另外，「仁」字於上博簡屢見如〈緇衣〉第6簡「」、22簡「」，〈性情論〉第33簡「」、34簡「」、「」，均足以證明簡文「」是「仁」字。〔註72〕

　　**陳按**：復旦吉大讀書會之說可從。

〔註70〕馬承源主編：《上海博物館藏戰國楚竹書（八）》，上海古籍出版社2011年版，第274頁。
〔註71〕復旦吉大古文字專業研究生聯合讀書會：〈上博八〈有皇將起〉校讀〉註3，復旦大學出土文獻與古文字研究中心網站，2011年7月17日。
〔註72〕邱敏文：〈《上博八・有皇將起》簡釋讀注譯〉，臺灣《靜宜中文學報》2012年第1期。

3. ……自誨（悔）含（今）可（兮），又（有）怎（過）而能改含（今）可（兮）。

（1）句解

該句整理者作「……□誨（誨）含可（兮），又（有）怎（過）而能改含可（兮）」〔註73〕，復旦吉大古文字專業研究生聯合讀書會作「……自誨（誨）今可（兮），又（有）怎（過）而能改今可（兮）」〔註74〕。筆者作「……自誨（悔）含（今）可（兮），又（有）怎（過）而能改含（今）可（兮）」。全句謂某人自我悔過，有過能改，當是訓誡之語，是作者對孩子的期望。

（2）自

**復旦吉大古文字專業研究生聯合讀書會**：此簡首字整理者闕釋，其字作 ▨ 形，當即「自」字。〔註75〕

**yushiawjen**：此字整理者闕釋，讀書會將其字作 ▨ 形，以為當即「自」字。細看此字與上博四〈昭王毀室〉簡7從多從日作 ▨ 形相似，只是〈有皇將起〉字形下部從甘，而〈昭王毀室〉下部從日。〔註76〕

**邱敏文**：「▨」應隸作「向」，表示「從前」。〔註77〕

**陳按**：復旦吉大讀書會說可從。

（3）誨

**整理者**：「誨」，同「誨」。……誨，教導，訓誨。……亦指教誨、勸諫的話。〔註78〕

〔註73〕馬承源主編：《上海博物館藏戰國楚竹書（八）》，上海古籍出版社2011年版，第275頁。

〔註74〕復旦吉大古文字專業研究生聯合讀書會：〈上博八〈有皇將起〉校讀〉，復旦大學出土文獻與古文字研究中心網站，2011年7月17日。

〔註75〕復旦吉大古文字專業研究生聯合讀書會：〈上博八〈有皇將起〉校讀〉註6，復旦大學出土文獻與古文字研究中心網站，2011年7月17日。

〔註76〕參見網友「yushiawjen」在復旦吉大古文字專業研究生聯合讀書會〈上博八〈有皇將起〉校讀〉（復旦大學出土文獻與古文字研究中心網站，2011年7月17日）一文下的評論，2011年7月17日。

〔註77〕邱敏文：《上博八·有皇將起》簡釋讀注譯〉，臺灣《靜宜中文學報》2012年第1期。

〔註78〕馬承源主編：《上海博物館藏戰國楚竹書（八）》，上海古籍出版社2011年版，第275～276頁。

高佑仁：「自誨」當讀「自謀」，參《說文》謀字古文。〔註79〕

簡2：自誨第二字「女」字內一橫筆，嚴格來說應該是從「毋」，而非從「女」旁加兩點的「母」。〔註80〕

程少軒：……自誨今可（兮），又（有）怤（過）而能改今可（兮）。自誨與改過相對，似讀爲「自悔」較好。〔註81〕

秦樺林：贊成程先生的意見，「自悔」典籍中恆見，如《孔子家語・冠頌》：「冉有以告子路。子路懼而自悔，靜思不食，以至骨立。夫子曰：『過而能改，其進矣乎！』」〔註82〕

你再不同意我就要打人了：《易》「謙謙君子，卑以自牧」，這個從「母」聲的字會不會可以讀爲「牧」？牧，〈容成氏〉簡14從「母」從「田」。〔註83〕

陳按：殘文確係「自」。當從程少軒先生說，「自誨」，讀作「自悔」。

（4）怤而能改

整理者：「怤」，從「心」，「化」聲，讀爲「過」。……過，過失，錯誤。……「改」，改正。《說文》：「改，更也。從攴、己。」徐灝《注箋》：「李陽冰云：『己有過，攴之則改。』」《書・仲虺之誥》：「改過不吝。」《楚辭・天問》：「悟過改更，我又何言？」《史記・孝文本紀》：「雖復欲改過自新，其道無由也。」「有過而能改」，見《左傳》宣公二年：「人誰無過？過而能改，

〔註79〕 參見高佑仁先生在復旦吉大古文字專業研究生聯合讀書會〈上博八〈有皇將起〉校讀〉（復旦大學出土文獻與古文字研究中心網站，2011年7月17日）一文下的評論，2011年7月17日。

〔註80〕 參見高佑仁先生在復旦吉大古文字專業研究生聯合讀書會〈上博八〈有皇將起〉校讀〉（復旦大學出土文獻與古文字研究中心網站，2011年7月17日）一文下的評論，2011年7月20日。

〔註81〕 參見程少軒先生在復旦吉大古文字專業研究生聯合讀書會〈上博八〈有皇將起〉校讀〉（復旦大學出土文獻與古文字研究中心網站，2011年7月17日）一文下的評論，2011年7月18日。

〔註82〕 參見秦樺林先生在復旦吉大古文字專業研究生聯合讀書會〈上博八〈有皇將起〉校讀〉（復旦大學出土文獻與古文字研究中心網站，2011年7月17日）一文下的評論，2011年7月18日。

〔註83〕 參見網友「你再不同意我就要打人了」在復旦吉大古文字專業研究生聯合讀書會〈上博八〈有皇將起〉校讀〉（復旦大學出土文獻與古文字研究中心網站，2011年7月17日）一文下的評論，2011年7月19日。

善莫大焉。」《易·益》:「君子以見善則遷,有過則改。」《孟子·告子下》:「人恆過,然後能改;困於心,衡於慮,而後作。」可以參看。〔註84〕

陳按:上博簡〈三德〉5亦云:「過而改。」

## 4. 亡(無)郙(奉)又(有)風含(今)可(兮),同郙(奉)異心含(今)可(兮)。又(有)郙(奉)……

### (1)句解

該句整理者作「亡郙(奉)又(有)風含可(兮),同郙(奉)異心含可(兮)又(有)郙(逢)」,整理者指出,以上兩句謂,不會奉承者能夠諷諫勸告,一起奉承者卻心不一致〔註85〕。復旦吉大古文字專業研究生聯合讀書會作「亡(無)郙又(有)風(諷)今可(兮),同郙異心今可(兮),又(有)郙……」〔註86〕。筆者作「亡(無)郙(奉)又(有)風含(今)可(兮),同郙(奉)異心含(今)可(兮)。又(有)郙(奉)……」。簡文殘斷,句義不明,「異心」之語值得重視。

### (2)郙1

**整理者**:「郙」,從「邑」,「奉」聲,讀爲「奉」。奉,奉承,順從。……又,此處「郙」字若讀爲「逢」,亦可。馬王堆帛書〈經法·四度〉「功成而不廢,後不奉(逢)央(殃)」,「逢」作「奉」。「逢」、「郙」皆從「奉」聲,故可相通。逢,迎合,奉承。〔註87〕

**復旦吉大古文字專業研究生聯合讀書會**:整理者讀前兩郙字爲奉,讀後一郙字爲逢,前後當加以統一。〔註88〕

**陳按**:暫從讀作「奉」的說法,待考。

### (3)風

---

〔註84〕馬承源主編:《上海博物館藏戰國楚竹書(八)》,上海古籍出版社2011年版,第276頁。

〔註85〕同上,第275、276頁。

〔註86〕復旦吉大古文字專業研究生聯合讀書會:〈上博八〈有皇將起〉校讀〉,復旦大學出土文獻與古文字研究中心網站,2011年7月17日。

〔註87〕馬承源主編:《上海博物館藏戰國楚竹書(八)》,上海古籍出版社2011年版,第276頁。

〔註88〕復旦吉大古文字專業研究生聯合讀書會:〈上博八〈有皇將起〉校讀〉註7,復旦大學出土文獻與古文字研究中心網站,2011年7月17日。

整理者：「風」，通「諷」，諷諫，勸告。〔註89〕

陳按：句義不明，難以確認詞義，或可讀作「諷」。

（4）異心

整理者：「異心」，二心，想法不同。「異心」，亦見《左傳》昭公三十一年：「若得從君而歸，則固臣志願也，敢有異心？」《史記‧廉頗藺相如列傳》：「父子異心，願王勿遣。」〔註90〕

（5）郫2

整理者：郫，讀爲「逢」，遭遇，遇到。《說文》：「逢，遇也。」〔註91〕

陳按：當依前文讀作「奉」。

## 5. ……若余子力含（今）可（兮）。

（1）句解

該句整理者作「……□余子力含可（兮）」〔註92〕，筆者作「……若余子力含可（兮）」。該句句義未詳，整理者亦未作說明。

（2）若

**復旦吉大古文字專業研究生聯合讀書會**：補「若」。〔註93〕

**張峰**：簡 5 的 ▨，當從讀書會隸定爲「若」，《上博四‧逸詩‧交交鳴鳥》簡 1 的「若」作 ▨，將其上部去掉，就是本篇殘簡的「若」。〔註94〕

陳按：殘文確係「若」字。

## 6. 族援＝（援援－緩緩）必繇（慎）毋𢝣（忓？）含（今）可（兮），日月邵（昭）明含（今）可（兮）。

---

〔註89〕馬承源主編：《上海博物館藏戰國楚竹書（八）》，上海古籍出版社 2011 年版，第 276 頁。

〔註90〕同上。

〔註91〕同上，第 277 頁。

〔註92〕同上，第 280 頁。

〔註93〕復旦吉大古文字專業研究生聯合讀書會：〈上博八〈有皇將起〉校讀〉，復旦大學出土文獻與古文字研究中心網站，2011 年 7 月 17 日。

〔註94〕張峰：《《上博（八）‧有皇將起》讀書筆記〉，武漢大學簡帛研究中心網站，2011 年 7 月 24 日。

（1）句解

該句整理者作「族（奏）綬＝（緩緩）必繇（慎）毋瑩（勞？）含可（兮）。日月卲（昭）明含可（兮）」，整理者指出，「族緩緩必慎毋勞」，意思是說節奏要緩慢，務必不要勞累。乃承上句「余子力」而言〔註95〕。復旦吉大古文字專業研究生聯合讀書會作「族祋＝（祋祋）必繇（慎）毋瑩（忤？牾）今可（兮），日月卲（昭）明今可（兮）」〔註96〕。筆者作「族祋＝（祋祋－緩緩）必繇（慎）毋瑩（忤？）含（今）可（兮），日月卲（昭）明含（今）可（兮）」。全句謂務必謹慎而不要違逆，日月顯明，當是訓誡之語。

（2）族

**整理者**：「族」，通「奏」，節奏。……古音「族」爲從母屋部字，「奏」爲精母屋部字，兩字爲疊韻、旁紐關係，故可相通（從「族」得聲的「鏃」字爲精母屋部字，則兩字古音相同）。「節奏」，本指音樂中交替出現的有規律的強弱、長短的現象，引申爲均匀有規律的進程。〔註97〕

**張峰**：簡5「族」下有一點，我們懷疑也可能是斷句的標誌。〔註98〕

**陳按**：「族」下一點，或係誤書，待考。「族」或可讀作「蹴」，「族」、「就」係通用聲素〔註99〕。「蹴然」，見諸《禮記・哀公問》，鄭玄注云：「蹴然，敬貌。」簡文或與此義有關。

在今本《楚辭》中，多見同義詞連用的現象，如〈離騷〉：「芳菲菲其彌章。」這種用法，王力先生認爲「芳菲菲」是三音節的形容詞，「菲菲」是詞尾〔註100〕。孫錫信先生認爲是形容詞連用的現象〔註101〕。楊劍橋先生認同孫先生的看法〔註102〕。按照《楚辭》的通例，「族」與下文的「緩緩」當同義，

〔註95〕馬承源主編：《上海博物館藏戰國楚竹書（八）》，上海古籍出版社2011年版，第281頁。

〔註96〕復旦吉大古文字專業研究生聯合讀書會：〈上博八〈有皇將起〉校讀〉，復旦大學出土文獻與古文字研究中心網站，2011年7月17日。

〔註97〕馬承源主編：《上海博物館藏戰國楚竹書（八）》，上海古籍出版社2011年版，第281頁。

〔註98〕張峰：〈《上博（八）・有皇將起》讀書筆記〉，武漢大學簡帛研究中心網站，2011年7月24日。

〔註99〕張儒、劉毓慶：《漢字通用聲素研究》，山西古籍出版社2002年版，第304頁。

〔註100〕王力：《漢語語法史》，商務印書館1989年版，第126頁。

〔註101〕孫錫信：《漢語歷史語法要略》，復旦大學出版社1992年版，第154頁。

〔註102〕楊劍橋：《古漢語語法講義》，復旦大學出版社2010年版，第27頁。

至少是意義相近的。

（3）孨＝

**整理者**：「戀＝」，字從「心」，從「緩」（緩字構形略有譌變），爲「緩」字繁構，下有重文符號，讀爲「緩緩」。《玉篇》：「緩，遲緩也。」《易·雜卦》：「解，緩也。」……「緩緩」，猶言「徐徐」，寬綽緩慢之意。《楚辭·九歌·東皇太一》「疏緩節兮安歌」，「疏緩節」即簡文之「族緩緩」，可以參看。〔註103〕

**復旦吉大古文字專業研究生聯合讀書會**：簡文■字當隸定作孨，整理者隸作戀，不確，該字又見新蔡楚簡甲三294＋零334「以孨靬不害、轞回二人受二臣。攻婁連爲攻人受六臣□」。簡文此句與下句協韻，下句言及日月之明，則此字疑可讀爲從亘（宣所從）得聲之字，從亘得聲之字常與光有聯繫，可參李家浩先生〈攻敔王光劍銘文考釋〉，《文物》1990年2期。〔註104〕

**張峰**：■整理者隸定爲「戀」讀書會隸定爲「孨」，都認爲右下是重文符號。今案，該字下所從與心旁不合，本篇簡2和簡4均有心字，可參看。讀書會的隸定可從。但認爲下所從■是重文符號則不確。實際上這二橫畫中下面的筆劃當爲增筆，爲何寫成這樣是否與下■字有關，不得而知。「族」、「■」在簡文中讀何待考。〔註105〕

**邱敏文**：「孨」右下符號「■」筆者拙見以爲，此處應是合文符號，「孨」是「子爰」，《說文》：「爰，引也。从受从亏。籀文以爲車轅字。」段《注》云：「此說（按：「籀文爲車轅字」）假借也。轅所以引車，故籀文車轅字只用爰。」故「子爰」或作「子轅」，正與第三簡提及的「大迻（路）」相合，「子轅」即保子爰引大迻（路）車之意。此說可從。〔註106〕

**陳按**：整理者雖然釋字存在問題，但讀作「緩緩」可從。《爾雅·釋訓》

〔註103〕馬承源主編：《上海博物館藏戰國楚竹書（八）》，上海古籍出版社2011年版，第281頁。

〔註104〕復旦吉大古文字專業研究生聯合讀書會：〈上博八〈有皇將起〉校讀〉註14，復旦大學出土文獻與古文字研究中心網站，2011年7月17日。

〔註105〕張峰：〈《上博（八）·有皇將起》讀書筆記〉，武漢大學簡帛研究中心網站，2011年7月24日。

〔註106〕邱敏文：〈《上博八·有皇將起》簡釋讀注譯〉，臺灣《靜宜中文學報》2012年第1期。

云：「綽綽、爰爰，緩也。」是之謂也。

如果循復旦吉大讀書會的思路，或可讀作「桓桓」，《爾雅·釋訓》云：「桓桓、烈烈，威也。」另或可讀作「煥煥」。「爰」、「奐」是通用聲素〔註107〕，楚簡亦有用例〔註108〕。《越絕書·越絕外傳記寶劍》云：「煥煥如冰釋。」準此，可與下文的「日月昭明」相照應。不過就文義而言不及「緩緩」順暢。

（4）必

**整理者**：「必」，必須，一定要，副詞。〔註109〕

（5）𦃟

**整理者**：「𦃟」，楚文字「慎」字繁構，是在楚文字「慎」字常見構形下加增「糸」旁（左上所從之「幺」，或從「十」、或從「彡」作。其構形異體較多，可參看李守奎《楚文字編》第六〇六、八一二、八一三頁）。慎，副詞，常與「勿」、「毋」、「莫」連用表示禁戒，相當於「務必」、「千萬」等。《史記·呂太后本紀》：「慎勿送喪，毋爲人所制。」「慎勿」用法與簡文同。〔註110〕

**陳按**：「慎」未必是副詞。「必慎毋忤」，「必」與「毋」均爲副詞，分別修飾「慎」與「忤」。

（6）𤑔

**整理者**：「𤑔」，上從「焱」，下從「五」，字不識，從上下文看疑是「勞」字之譌。勞，勞累，辛苦。〔註111〕

**復旦吉大古文字專業研究生聯合讀書會**：字首見，可隸定爲𤑔，當從五得聲，或當讀爲忤、牾一類字。〔註112〕

---

〔註107〕張儒、劉毓慶：《漢字通用聲素研究》，山西古籍出版社 2002 年版，第 743 頁。

〔註108〕白於藍編著：《戰國秦漢簡帛古書通假字彙纂》，福建人民出版社 2012 年版，第 818 頁。

〔註109〕馬承源主編：《上海博物館藏戰國楚竹書（八）》，上海古籍出版社 2011 年版，第 281 頁。

〔註110〕同上。

〔註111〕同上。

〔註112〕復旦吉大古文字專業研究生聯合讀書會：〈上博八〈有皇將起〉校讀〉註15，復旦大學出土文獻與古文字研究中心網站，2011 年 7 月 17 日。

洪颺：應該是讀 ying 一類的讀音，下部所從一般是表意部分。〔註113〕

程少軒：也有可能是從勞之聲符得聲，句讀爲「必愼毋勞」——當然這樣處理的話，押韻的情況就需要重新考慮。〔註114〕

劉雲：上下兩個偏旁都經常作聲旁，但這兩個偏旁古音卻相距很遠，沒有可能同時作該字的聲旁，所以我們懷疑該字是個譌字。我們認爲該字可能是「縈」的譌字。……上部爲「炏」，與上揭「縈」字的上部形體相同，下部爲「五」字形，該「五」字形當是從上揭「縈」字中間所從的「人」形和下部所從的「糸」的結合體演變而來。具體演變過程是：「人」形拉直，「糸」下部的「个」形先變爲「人」形，再拉直，這樣演變之後的「人」形和「糸」的結合體，就與楚文字中「五」字的一種形體（郭店簡〈尊德義〉簡26），沒有什麼區別了，再轉寫爲楚文字中常見的「五」字形體，至此，下部的「五」字形體就形成了。〔註115〕

邱敏文：《說文》「牾，屰也。从午吾聲。」因此，釋作「牾」較爲通順。

陳按：暫從復旦吉大讀書會說。「忤」或「牾」，違逆也。

（7）日月卲明

整理者：「昭明」，顯明，光明。《書·堯典》：「百姓昭明，協和萬邦。」《詩·大雅·既醉》：「君子萬年，介爾昭明。」「日月昭明」，日月顯明。〔註116〕

〔註113〕參見洪颺先生在復旦吉大古文字專業研究生聯合讀書會〈上博八〈有皇將起〉校讀〉（復旦大學出土文獻與古文字研究中心網站，2011年7月17日）一文下的評論，2011年7月18日。

〔註114〕參見程少軒先生在復旦吉大古文字專業研究生聯合讀書會〈上博八〈有皇將起〉校讀〉（復旦大學出土文獻與古文字研究中心網站，2011年7月17日）一文下的評論，2011年7月18日。

〔註115〕參見劉雲先生在復旦吉大古文字專業研究生聯合讀書會〈上博八〈有皇將起〉校讀〉（復旦大學出土文獻與古文字研究中心網站，2011年7月17日）一文下的評論，2011年7月22日。

〔註116〕馬承源主編：《上海博物館藏戰國楚竹書（八）》，上海古籍出版社2011年版，第281頁。

### 7. 視毋吕（以）三誆……

#### （1）句解

該句整理者作「視毋吕（以）三誆（誆）」，整理者指出，據下文，「三」字下漏抄「夫」字。《禮記・曲禮上》：「幼子常視勿誆。」「視勿誆」與簡文用法相似〔註 117〕。復旦吉大古文字專業研究生聯合讀書會作「視毋以三誆……」〔註118〕。筆者作「視毋吕（以）三誆……」。此句句義不明。

#### （2）視

**整理者**：「視」，原篆構形與「見」字略同。按楚簡「視」字與「見」字構形之區別，在於下部「人」旁。兩字上部均從「目」，「視」下部作立人，「見」下部作跪人，偶有混淆。視，看待，對待。〔註 119〕

#### （3）毋

**整理者**：「毋」，表禁止副詞。〔註 120〕

#### （4）誆

**整理者**：「誆」，從「言」，「宦」聲，當爲「誆」字或體。誆，欺騙。
〔註 121〕

**陳按**：待考。

### 8. ……含（今）可（兮），鹿（麗－離）尻（居）而同欲含（今）可（兮）。

#### （1）句解

該句整理者作「含可（兮），鹿（獨）尻而同欲含可（兮）」〔註 122〕。復旦吉大古文字專業研究生聯合讀書會作「今可（兮），鹿（麗－離）尻（居）而同欲今可（兮）」〔註 123〕，可從。簡文不全，句義不明，大抵謂雖然分離，

---

〔註 117〕同上，第 281、282 頁。

〔註 118〕復旦吉大古文字專業研究生聯合讀書會：〈上博八〈有皇將起〉校讀〉，復旦大學出土文獻與古文字研究中心網站，2011 年 7 月 17 日。

〔註 119〕馬承源主編：《上海博物館藏戰國楚竹書（八）》，上海古籍出版社 2011 年版，第 281～282 頁。

〔註 120〕同上，第 282 頁。

〔註 121〕同上。

〔註 122〕同上，第 278 頁。

〔註 123〕復旦吉大古文字專業研究生聯合讀書會：〈上博八〈有皇將起〉校讀〉，復旦大學出土文獻與古文字研究中心網站，2011 年 7 月 17 日。

但欲求一致。具體對象不詳，或指作者與自己的孩子。

（2）鹿尻而同欲

　　**整理者**：「鹿」，讀爲「獨」。古音「鹿」爲來母屋部字，「獨」爲定母屋部字，兩字疊韻，聲母爲旁紐，例可相通。上海博物館藏楚竹書〈天子建州〉「男女不詎（語）鹿（獨）」，「鹿」字亦讀爲「獨」。獨，單獨，獨自。〔註124〕

　　**復旦吉大古文字專業研究生聯合讀書會**：整理者讀此處鹿字爲「獨」，從用字習慣上看，讀「獨」不如讀「離」。楚文字「鹿」往往用作「麗」，麗可讀爲離。《詩‧小雅‧雨无正》：「正大夫離居，莫知我勩。」鄭玄箋：「長官之大夫於王流於徙而皆散處。」《左傳》文公十六年：「夫麋與百濮謂我饑不能師，故伐我也。若我出師，必懼而歸。百濮離居，將各走其邑，誰暇謀人。」〔註125〕

　　**蘇建洲**：另一種考慮是「鹿」也可讀爲「從」，見李家浩：〈戰國竹簡〈緇衣〉中的「逸」〉，載荊門郭店楚簡研究（國際）中心編《古墓新知》，香港國際炎黃文化出版社，2003年11月。「從居」，古籍常見，如《史記‧淮南衡山列傳》：「令故美人才人得幸者十人從居。」〔註126〕

　　**鄔可晶**：簡4「離居而同欲」似當讀爲「離居而同俗」。〔註127〕

　　**蘇建洲**：鹿（麗－離）尻（居）而同欲（俗）今可（兮）。很有道理。〔註128〕

　　**陳按**：當作「離居而同欲」。「離居」，文獻多見。《楚辭‧九歌‧大司

---

〔註124〕馬承源主編：《上海博物館藏戰國楚竹書（八）》，上海古籍出版社2011年版，第278頁。

〔註125〕復旦吉大古文字專業研究生聯合讀書會：〈上博八〈有皇將起〉校讀〉註9，復旦大學出土文獻與古文字研究中心網站，2011年7月17日。

〔註126〕參見蘇建洲先生在復旦吉大古文字專業研究生聯合讀書會〈上博八〈有皇將起〉校讀〉（復旦大學出土文獻與古文字研究中心網站，2011年7月17日）一文下的評論，2011年7月17日。

〔註127〕參見鄔可晶先生在復旦吉大古文字專業研究生聯合讀書會〈上博八〈有皇將起〉校讀〉（復旦大學出土文獻與古文字研究中心網站，2011年7月17日）一文下的評論，2011年7月17日。

〔註128〕參見蘇建洲先生在復旦吉大古文字專業研究生聯合讀書會〈上博八〈有皇將起〉校讀〉（復旦大學出土文獻與古文字研究中心網站，2011年7月17日）一文下的評論，2011年7月17日。

命》：「折疏麻兮瑤華，將以遺兮離居。」可以參看。楚簡中「凥」多與「處」相當，亦可通作「居」。「居」、「凥（處）」音義並近。如郭店簡《老子‧丙》9：「言以喪豊（禮）居之也。」今本「居」作「處」。郭店簡《老子》及漢帛書本均多見「居」作「處」。「居」、「處」通用，傳世文獻中亦多見其例〔註129〕。此外，《孝經》云：「仲尼居。」《說文》引「居」作「凥」。《楚辭‧天問》云：「其凥安在？」王注謂「凥一作居」。「其凥安在」即「其處安在」，就昆侖懸圃所在發問。過去以爲「其凥安在」的「凥」即「居」，筆者以爲無論是從楚簡用字習慣看還是從文義看，當以「處」爲宜。

　　所謂「離居」，當與下文的「周流天下」相聯繫，亦或可與〈鵾鷄〉「子何舍余」相呼應。「同欲」，意義與本篇所見「異心」相對。「離居而同欲」當指作者與其子雖分離卻仍同心。

## 9. 逌（周）流天下含（今）可（兮），牆（將）莫皇（惶）含（今）可（兮）。

### （1）句解

　　該句整理者作「逌（周）流天下含可（兮），牆（將）莫皇（惶）含可（兮）」〔註130〕，可從。全句謂四處遊蕩，不要迷惘惶恐。具體對象不詳，可能與前文的「又皇」相呼應，亦或是訓誡之語。

### （2）逌流天下

　　**整理者**：「逌」，讀爲「周」。……「周流天下」，指四面遊蕩，周行各地。《抱朴子‧內十五》：「若能乘蹻者，可以周流天下，不拘山河。」《說苑‧復恩》：「晉文公出亡，周流天下，周之僑去虞而從焉。」又，《楚辭‧天問》：「穆王巧梅，夫何爲周流？環理天下，夫何所求？」《楚辭‧離騷》：「覽相觀於四極兮，周流乎天余乃下。」皆可參看。〔註131〕

　　**陳按**：「逌」讀作「周」，已見郭店簡〈太一生水〉。

### （3）牆莫皇

---

〔註129〕參見高亨纂著，董治安整理《古字通假會典》，齊魯書社1989年版，第862頁。
〔註130〕馬承源主編：《上海博物館藏戰國楚竹書（八）》，上海古籍出版社2011年版，第278頁。
〔註131〕同上，第279頁。

整理者：「牁」，讀爲「將」，副詞，相當於「乃」。「莫」，副詞，表示勸戒，相當於「不要」。……「皇」，讀爲「惶」，「惶」從「皇」得聲，可以相通。……惶，惶惑，恐懼。……「將莫惶」，意思是說不需要惶惑。〔註 132〕

**復旦吉大古文字專業研究生聯合讀書會**：整理者釋爲「將莫惶」，即「不需要惶惑」。疑此處莫或讀爲「慕」，皇讀爲凰。〔註 133〕

**陳按**：當從整理者說。

## 10. 又（有）不善心耳含（今）可（兮），莫不叓（弁一變）改含（今）可（兮）。

### （1）句解

該句整理者作「又不善心耳含可（兮），莫不叓（使）攸（修）含可（兮）」〔註 134〕。復旦吉大古文字專業研究生聯合讀書會作「又（有）不善心耳今可（兮），莫不弁（變）改今可（兮）」〔註 135〕，可從。此句當與前文的「自悔」以及過而能改有關，亦或是訓誡之語。

### （2）又

**整理者**：「又」，副詞。〔註 136〕

**復旦吉大古文字專業研究生聯合讀書會**：疑此處又似宜讀爲有。〔註 137〕

**陳按**：暫從復旦吉大讀書會說。

### （3）善

**整理者**：「善」，擅長，善於。〔註 138〕

---

〔註 132〕同上。
〔註 133〕復旦吉大古文字專業研究生聯合讀書會：〈上博八〈有皇將起〉校讀〉註 10，復旦大學出土文獻與古文字研究中心網站，2011 年 7 月 17 日。
〔註 134〕馬承源主編：《上海博物館藏戰國楚竹書（八）》，上海古籍出版社 2011 年版，第 278 頁。
〔註 135〕復旦吉大古文字專業研究生聯合讀書會：〈上博八〈有皇將起〉校讀〉，復旦大學出土文獻與古文字研究中心網站，2011 年 7 月 17 日。
〔註 136〕馬承源主編：《上海博物館藏戰國楚竹書（八）》，上海古籍出版社 2011 年版，第 279 頁。
〔註 137〕復旦吉大古文字專業研究生聯合讀書會：〈上博八〈有皇將起〉校讀〉註 11，復旦大學出土文獻與古文字研究中心網站，2011 年 7 月 17 日。

**復旦吉大古文字專業研究生聯合讀書會**：不善即不好、不嘉之意。〔註139〕

**陳按**：復旦吉大讀書會說可從。

（4）心耳

**整理者**：「心」，古人以心爲思維器官，故沿用爲腦的代稱。……引申爲思想、思慮、謀畫。……「耳」，聽覺器官，引申爲聽，聞。……「心耳」，心與耳，猶言「聞識」。〔註140〕

**復旦吉大古文字專業研究生聯合讀書會**：依韻讀，此句當與下句協韻，下句「改」爲之部字，耳爲之部字，兩字古韻相同。如以耳爲句末語氣詞，則以心爲韻，心爲侵部字，傳統上雖有「幽侵對轉」之說，甲骨文從占（侵部）之 字，裘錫圭先生即讀爲幽部之憂字。然其韻部終較遠，似仍以不把耳理解爲語氣詞爲宜。〔註141〕

**陳按**：「心耳」的具體涵義待考。

（5）莫不

**整理者**：「莫不」，猶言「無不」、「沒有不」。〔註142〕

（6）叓

**整理者**：「吏」，讀爲「使」。……使，讓，致使。〔註143〕

**復旦吉大古文字專業研究生聯合讀書會**：簡文 字整理者釋「吏」，不確。此字顯爲楚文字「弁」字，此處當讀爲變。〔註144〕

**邱敏文**：弁與史兩字形的上半部「 」與「 」明顯不同，學者已作

---

〔註138〕馬承源主編：《上海博物館藏戰國楚竹書（八）》，上海古籍出版社 2011 年版，第 279 頁。

〔註139〕復旦吉大古文字專業研究生聯合讀書會：〈上博八〈有皇將起〉校讀〉註 11，復旦大學出土文獻與古文字研究中心網站，2011 年 7 月 17 日。

〔註140〕馬承源主編：《上海博物館藏戰國楚竹書（八）》，上海古籍出版社 2011 年版，第 279 頁。

〔註141〕復旦吉大古文字專業研究生聯合讀書會：〈上博八〈有皇將起〉校讀〉註 11，復旦大學出土文獻與古文字研究中心網站，2011 年 7 月 17 日。

〔註142〕馬承源主編：《上海博物館藏戰國楚竹書（八）》，上海古籍出版社 2011 年版，第 280 頁。

〔註143〕同上。

〔註144〕復旦吉大古文字專業研究生聯合讀書會：〈上博八〈有皇將起〉校讀〉註 12，復旦大學出土文獻與古文字研究中心網站，2011 年 7 月 17 日。

出區別，此處「」字應是「弁」，假作「變」，無疑。〔註145〕

**陳按**：復旦吉大讀書會說可從。

**（7）改**

**整理者**：「攸」，讀爲「修」，「修」從「攸」聲，可通。修，學習。〔註146〕

**張峰**：該字整理者釋爲「修」，讀書會讀爲「改」。案，該字與「改」似不類，簡2的改作，頗疑該字右側所從爲㝵，中山王鼎的㝵作，與此相似。古音㝵在見母月部，改在見母之部，兩者讀音可相通。在簡文中還是讀爲改，「變改」一詞除了侯馬盟書習見外，典籍也常見，是改變的意思……從㝵可以看作變形音化。該字其實最簡省的辦法是看作譌書，但我們認爲譌書的可能性很小。〔註147〕

**金滕**：「改」字寫法與簡2甚有差別，從字形來看其左旁類似「宛」，或可讀爲「換」。至於之與元二部通押可參考孟蓬生先生《上古漢語同源詞語音關係研究》頁190～191。此外楚文字〈吳命〉「駭」寫作「害」也是一例。當然簡4「改」字也可能只是單純的訛誤而已。〔註148〕

**邱敏文**：「」字左旁應是「亻」字之譌寫，明顯與第二簡「改（）」字之左旁「」不同，故此應從曹錦炎所釋作「攸」餘母部幽；「修」心母幽部；「改」見母之部，幽與之是旁轉的關係，所以，「攸」仍可釋作「改」。〔註149〕

**陳按**：復旦吉大讀書會說可從。

---

〔註145〕邱敏文：〈《上博八・有皇將起》簡釋讀注譯〉，臺灣《靜宜中文學報》2012年第1期。

〔註146〕馬承源主編：《上海博物館藏戰國楚竹書（八）》，上海古籍出版社2011年版，第280頁。

〔註147〕張峰：〈《上博（八）・有皇將起》讀書筆記〉，武漢大學簡帛研究中心網站，2011年7月24日。亦參見氏著〈《上博八》考釋三則〉，《哈爾濱師範大學社會科學學報》2011年第6期。

〔註148〕參見網友「金滕」在復旦吉大古文字專業研究生聯合讀書會〈上博八〈有皇將起〉校讀〉（復旦大學出土文獻與古文字研究中心網站，2011年7月17日）一文下的評論，2011年8月23日。

〔註149〕邱敏文：〈《上博八・有皇將起》簡釋讀注譯〉，臺灣《靜宜中文學報》2012年第1期。

## 11. 女＝（如女）子牁（將）深含（今）可（兮），……

### （1）句解

該句整理者作「女＝（如女）子牁（將）**潊**（眯）含可（兮）」，整理者指出，「如女子將迷」，如同女子一樣將會使人著迷〔註150〕。復旦吉大古文字專業研究生聯合讀書會作「女＝（如女）子牁（將）深（泣）今可（兮）」〔註151〕，筆者作「女＝（如女）子牁（將）深今可（兮）」，傾向於認爲與作者之子「離居」有關。

### （2）女＝

**整理者**：「女＝」，下有重文符號，即「女女」。前一「女」字讀爲「如」。……如，如同，好像。……「女子」，泛指女性。《詩・鄘風・載馳》：「女子善懷，亦各有行。」亦專指未嫁女性。《禮記・雜記上》：「男子附於王父則配，女子附於王母則不配。」鄭玄注：「女子，謂未嫁者也。」〔註152〕

### （3）深

**整理者**：「**潊**」，從「水」，從「眯」，當爲「眯」字繁構。眯，雜物入目使視線不清。《說文》：「眯，艸入目中也。」《莊子・天運》：「夫簸穅眯目，則天地四方易位矣。」眯，此處讀爲「迷」。《老子》「雖智大迷」，馬王堆帛書甲本「迷」作「眯」。「眯」、「迷」兩字皆從「米」聲，故通。迷，媚惑，使著迷。〔註153〕

**復旦吉大古文字專業研究生聯合讀書會**：簡文▓字當分析爲從水從罙，罙亦聲，即泣字，郭店簡五行簡17「泣涕」之泣作▓，與此正相類。整理者隸定爲**潊**，對字形認識有誤，其解說自亦不可從。〔註154〕

**陳按**：郭沫若先生《金文叢考》謂「罙」象目垂涕之形，郭店簡〈五行〉

---

〔註150〕馬承源主編：《上海博物館藏戰國楚竹書（八）》，上海古籍出版社2011年版，第278、280頁。

〔註151〕復旦吉大古文字專業研究生聯合讀書會：〈上博八〈有皇將起〉校讀〉，復旦大學出土文獻與古文字研究中心網站，2011年7月17日。

〔註152〕馬承源主編：《上海博物館藏戰國楚竹書（八）》，上海古籍出版社2011年版，第280頁。

〔註153〕同上。

〔註154〕復旦吉大古文字專業研究生聯合讀書會：〈上博八〈有皇將起〉校讀〉註13，復旦大學出土文獻與古文字研究中心網站，2011年7月17日。

「泣涕如雨」，「泣」便寫作「深」。另清華簡〈繫年〉99 所見「南深」，對應傳世文獻的「南懷」，其中「深」便寫作▆，與〈有皇將起〉所見字近同。「懷」可訓至、歸。《爾雅・釋詁上》：「懷，至也。」《爾雅・釋言》：「懷，來也。」《玉篇・心部》：「懷，歸也。」《禮記・禮器》：「懷，歸也。」篇中言作者之子「離居」、「周流天下」，「懷」或指作者盼其如出嫁的女子歸來。待考。

## 12. ……大洛（路）含（今）可（兮），敦葳與楮含（今）可（兮）。

### （1）句解

該句整理者作「大洛（路）含可（兮），敦（戟）菆（栽）與楮含可（兮）」〔註155〕，復旦吉大古文字專業研究生聯合讀書會作「大洛（路）今可（兮），敦葳與楮今可（兮）」〔註156〕，可從。該句當謂道旁惡木叢生，比喻邪惡的力量。

### （2）大洛

**整理者**：「洛」，即「路」字異構。……又，從「足」旁之字或體從「辵」，如「跡」字或作「迹」，「踰」字或作「逾」，「跙」字或作「迣」等，故「路」字亦可寫作「洛」。「大路」，大車。《禮記・明堂位》：「大路，殷路也。」鄭玄注：「大路，木路也。」據《周禮・春官・巾車》稱，王有五路，即玉路、金路、象路、革路、木路。「路」字或作「輅」，《書・顧命》：「大輅在賓階面。」〔註157〕

**邱敏文**：「大洛（路）」為車名，《楚辭》之中有以車馬來形容國君，如〈九章・思美人〉：「車既覆而馬顛兮，蹇獨懷此異路。」洪興祖《補註》云：「車，以喻君。馬，以喻臣。言車覆者，君國危也。馬顛仆者，所任非人。」則國君治理國事如同駕駛車馬，如〈離騷〉：「豈余身之憚殃兮，恐皇輿之敗績。」洪興祖《補註》云：「輿，君之所乘以喻國也。」故此處「大洛（路）」之車可視為比喻國君。〔註158〕

---

〔註155〕馬承源主編：《上海博物館藏戰國楚竹書（八）》，上海古籍出版社 2011 年版，第 277 頁。

〔註156〕復旦吉大古文字專業研究生聯合讀書會：〈上博八〈有皇將起〉校讀〉，復旦大學出土文獻與古文字研究中心網站，2011 年 7 月 17 日。

〔註157〕馬承源主編：《上海博物館藏戰國楚竹書（八）》，上海古籍出版社 2011 年版，第 277 頁。

〔註158〕邱敏文：〈《上博八・有皇將起》簡釋讀注譯〉，臺灣《靜宜中文學報》2012 年第 1 期。

陳按：此處「大路」或非大車，而是指大道。《詩經・鄭風・遵大路》云：「遵大路兮，摻執子之袪兮！」毛傳云：「路，道。」

（3）敦

**整理者**：「敦」，即「戟」字或體，見青銅兵器銘文。戟，古兵器名，戈屬，長柄。〔註159〕

**復旦吉大古文字專業研究生聯合讀書會**：敦字整理者釋戟，此字亦見於包山楚簡 270 號「彫敦」，李家浩先生認為其字從朝省聲，「彫敦」即包山一號牘的「彫輖」（〈信陽楚簡「樂人之器」研究〉，《簡帛研究》第 3 輯，廣西教育出版社 1998 年 12 月。）〔註160〕

**鄔可晶**：「敦」大概也是「窮」、「拜」一類意思的詞，「葴」當即與「楮」同類之惡木。〔註161〕

**程少軒**：敦有沒有可能從朝省聲，讀為「繚」？《楚辭・九歌》有「繚之兮杜衡」。殘句作「……大路今兮，繚椒與杜」是說大路旁長滿了香草。〔註162〕

**子居**：該字或當讀為「稠」，為草木茂盛義，《說文・禾部》：「稠，多也。」。〔註163〕

**邱敏文**：「敦」是「戟」之異體字，也不無可能。從攵字的形旁有撲之意，《說文》：「攴，小擊也。」故此處「敦」可作動詞，「敦（戟）葴與楮」即是指去除葴與楮這類惡木。〔註164〕

---

〔註159〕馬承源主編：《上海博物館藏戰國楚竹書（八）》，上海古籍出版社 2011 年版，第 277 頁。

〔註160〕復旦吉大古文字專業研究生聯合讀書會：〈上博八〈有皇將起〉校讀〉註 8，復旦大學出土文獻與古文字研究中心網站，2011 年 7 月 17 日。

〔註161〕參見鄔可晶先生在復旦吉大古文字專業研究生聯合讀書會〈上博八〈有皇將起〉校讀〉（復旦大學出土文獻與古文字研究中心網站，2011 年 7 月 17 日）一文下的評論，2011 年 7 月 18 日。

〔註162〕參見程少軒先生在復旦吉大古文字專業研究生聯合讀書會〈上博八〈有皇將起〉校讀〉（復旦大學出土文獻與古文字研究中心網站，2011 年 7 月 17 日）一文下的評論，2011 年 7 月 18 日。

〔註163〕子居：〈上博八〈有皇將起〉再編連〉註 7，孔子 2000 網「清華大學簡帛研究」專欄，2011 年 7 月 24 日。

〔註164〕邱敏文：〈《上博八・有皇將起》簡釋讀注譯〉，臺灣《靜宜中文學報》2012 年第 1 期。

　　**陳按**：「敦」的意義難以確認，從文義看，「敦」與「拜」意義相反的可能性更大，可能指楮樹等繁茂，如此纔有下文的「拜」。「敦」字如果是從朝省聲，或可讀作「周」。《廣雅・釋詁二》：「周，徧也。」《易・繫辭上》：「知周乎萬物，而道濟天下。」《楚辭・九歌・湘君》：「鳥次兮屋上，水周兮堂下。」可以參看。存疑待考。

　　（4）蔵

　　**整理者**：「萩」，上從「艸」，當爲「栽」字繁構。栽，義同植。《禮記・中庸》：「故天之生物，必因其材而篤焉。故栽者培之。」〔註165〕

　　**復旦吉大古文字專業研究生聯合讀書會**：蔵字簡文作 █，即楚文字常見「蔵郢」之蔵，整理者釋爲「栽」，不確。〔註166〕

　　**程少軒**：「楮柧」讀爲「杜衡」而「蔵」則讀爲「椒」。簡文所說是將孩子培養成人，如此則「爲余拜杜衡」中「拜」是敬奉的意思。〔註167〕

　　**陳按**：程少軒先生將「蔵」讀作「椒」，可備一解。椒又名檓、花椒，係落葉灌木或小喬木，有香氣。另「蔵」也可能讀作「槭」，落葉喬木，木材堅韌，可作器具。錄之備考。

　　筆者以爲「蔵」或可讀作「楸」。「朱」與「束」是通用聲素〔註168〕，《管子・小匡》的「甯戚」，《呂氏春秋・勿躬》作「甯遫」。《說文》云：「楸，梓楸，木。」《爾雅・釋木》：「楸樸，心。」據王引之《經義述聞》，《爾雅》文有錯譌，喻其小。《詩經・召南・野有死麕》云：「林有樸樕，野有死鹿。」毛傳云：「樸樕，小木也。」《詩經・鄭風・山有扶蘇》云：「山有扶蘇，隰有荷華。」扶蘇，即樸樕，是不成材的小木，詩中比喻惡少〔註169〕。後世詩文亦以「樸樕」比喻凡庸之材，如唐杜牧〈賀平党項表〉：「樸樕散材。」總之，

〔註165〕馬承源主編：《上海博物館藏戰國楚竹書（八）》，上海古籍出版社2011年版，第277頁。

〔註166〕復旦吉大古文字專業研究生聯合讀書會：〈上博八〈有皇將起〉校讀〉註8，復旦大學出土文獻與古文字研究中心網站，2011年7月17日。

〔註167〕參見程少軒先生在復旦吉大古文字專業研究生聯合讀書會〈上博八〈有皇將起〉校讀〉（復旦大學出土文獻與古文字研究中心網站，2011年7月17日）一文下的評論，2011年7月18日。

〔註168〕張儒、劉毓慶：《漢字通用聲素研究》，山西古籍出版社2002年版，第190頁。

〔註169〕參見高亨《詩經今注》，上海古籍出版社2009年版，第117頁。

「楸（樸樕）」是不成材的小木，《詩經・鄭風・山有扶蘇》更以其喻惡人。
下文的「楮」是惡木，如此，「楸」、「楮」均指同一類樹木。待考。

（5）楮

**整理者**：「楮」，本爲木名，後世亦以稱箱櫃等木製盛物器，如梅堯臣〈杜
挺之贈端溪圖硯〉詩：「大出楮中有，素許當自擇。」〔註170〕

**鄔可晶**：「楮」是一種惡木（前人謂「楮」即「穀」，「穀，惡木也」（《詩・
小雅・鶴鳴》疏）），「柧」當與之同類。〔註171〕

**邱敏文**：《說文》：「楮，穀也。」「穀，楮也。」穀字條段《注》：「《小
雅・傳》曰：『穀，惡木也。』」所引用即是《詩・小雅・鶴鳴》「樂彼之園，
爰有樹檀，其下維穀」《傳》、《疏》之言。「柧」當與「穀」同屬惡木之類。
第三簡「大洛（路）含可（兮），敦葴與楮含可（兮），慮（慮）余子亓（其）
速倀（長）□」，與第1簡下「可期成夫含可（兮），能爲余拜楮柧含可（兮）」
即是大洛（路）（國君）旁有惡木（小人），保子趕快長大，期望保子成夫，
能爲我翦除惡木。〔註172〕

**陳按**：「楮」，亦見包山簡2・149，寫作**楮**。樹名，落葉喬木，又叫「穀」
或「构」。陸璣《毛詩草木鳥獸蟲魚疏》云：「幽州人謂之穀桑，或曰楮桑；
荊揚交廣謂之穀；中州人謂之楮。」其樹皮可用於造紙，故整理者朝學書認
字方向考慮。《詩經・小雅・鶴鳴》云：「樂彼之園，爰有樹檀，其下維穀。」
毛傳云：「穀，惡木也。」楮樹雖然有多種用途，但其枝幹纖弱，木材不堪大
用，種子、枝葉、樹皮均有粘液，且生命力強，易於繁殖。或正是因爲這些
原因，有人目其爲「惡木」。在簡文中，楮樹作爲拔除的對象，其亦當被視作
「惡木」。

（6）敦葴與楮

**整理者**：「戟栽與楮」，似指大車箱架上插著戟，當是儀仗。《漢書・韓延

〔註170〕馬承源主編：《上海博物館藏戰國楚竹書（八）》，上海古籍出版社2011年版，
第277頁。
〔註171〕參見鄔可晶先生在復旦吉大古文字專業研究生聯合讀書會〈上博八〈有皇將
起〉校讀〉（復旦大學出土文獻與古文字研究中心網站，2011年7月17日）
一文下的評論，2011年7月18日。
〔註172〕邱敏文：〈《上博八・有皇將起》簡釋讀注譯〉，臺灣《靜宜中文學報》2012
年第1期。

壽傳》：「功曹引車，皆駕四馬，載棨戟。」可以參看。〔註173〕

　　陳按：整理者說可疑。

### 13. 慮（慮）余子亓（其）速倀（長）含（今）可（兮），能與余相蓳（助？）含（今）可＝（兮）。

　　（1）句解

　　該句整理者作「慮（慮）余子亓（其）速倀（長）……能與余相叀（惠）含可＝（兮）」〔註174〕，復旦吉大古文字專業研究生聯合讀書會作「慮（慮）余子亓（其）速倀（長）今〔可（兮）〕……能與余相蓳（助）今可＝（兮）」〔註175〕。筆者作「慮（慮）余子亓（其）速倀（長）含（今）可（兮），能與余相蓳（助？）含（今）可＝（兮）」。全句謂盼自己的孩子儘快成長，能對自己有所助益。

　　（2）慮

　　**整理者**：「慮」，即「慮」字繁構。慮，憂慮，擔心。〔註176〕

　　**孟蓬生**：「慮余子亓（其）速倀（長）今〔可（兮）〕」，「慮」當讀爲「助」。

　　陳劍先生〈上博楚簡〈容成氏〉與古史傳說〉：

　　　　〔注73〕勵，助也；「咸」原寫作「畏」，兩字相通習見。「咸」即《周易·繫辭下》「弦木爲弧，剡木爲矢，弧矢之利，以咸天下」之「咸」。《國語·越語上》記句踐伐吳之前「乃致其眾而誓之曰：『……今夫差衣水犀之甲者三千，不患其志行之少恥也，而患其眾之不足也。今寡人將助天咸之……』」（據明道本）「助天咸之」顯即簡文之「勵天咸之」。

　　然則慮之於助，猶勵之於助也。〔註177〕

---

〔註173〕馬承源主編：《上海博物館藏戰國楚竹書（八）》，上海古籍出版社2011年版，第277頁。

〔註174〕同上，第272、277頁。

〔註175〕復旦吉大古文字專業研究生聯合讀書會：〈上博八〈有皇將起〉校讀〉，復旦大學出土文獻與古文字研究中心網站，2011年7月17日。

〔註176〕馬承源主編：《上海博物館藏戰國楚竹書（八）》，上海古籍出版社2011年版，第278頁。

〔註177〕參見孟蓬生先生在復旦吉大古文字專業研究生聯合讀書會〈上博八〈有皇將起〉校讀〉（復旦大學出土文獻與古文字研究中心網站，2011年7月17日）一文下的評論，2011年7月20日。

邱敏文：「思」隱含著希冀的意思。「慮（慮）余子亓（其）速倀（長）」，希望保子趕快成長。〔註178〕

### （3）速倀

整理者：「速」，其構形也見於望山楚簡、天星觀楚簡、包山楚簡及郭店楚簡等，所從聲旁爲「束」字繁構。速，迅速。……「倀」，即「長」字繁構。……「速長」，迅速長大。〔註179〕

### （4）相董

整理者：「董」，讀爲「惠」。……惠，仁愛。……「相惠」，互相仁愛。簡文本句「惠」與上句「愛」同義對文。《韓非子·姦劫弑臣》「哀憐百姓不忍誅罰者，此世之所謂惠愛也」，亦是「惠」、「愛」同義並用。〔註180〕

陳按：參見「助（？）余教保子今兮」條下張峰先生說。

## 14. 可旹（期）成夫含（今）可（兮），能爲余拜（拔）楮柧含（今）可（兮）。……

### （1）句解

該句整理者作「可（何）哀城（成）夫含可（兮），能爲余拜楮柧含可（兮）」，整理者指出，「能爲余拜楮柧」，猶言拜我爲師接受教育〔註181〕。復旦吉大古文字專業研究生聯合讀書會作「可旹（幾）成夫今可（兮），能爲余拜楮柧今可（兮）」〔註182〕。鄔可晶先生指出，此句大概是說「我」（即「教保子」之人）希望被教育的對象（可能是冑子、公子一類人）長大成人之後，能爲「我」剪除惡人〔註183〕。筆者作「可旹（期）成夫含（今）可

---

〔註178〕 邱敏文：〈《上博八·有皇將起》簡釋讀注譯〉，臺灣《靜宜中文學報》2012年第1期。

〔註179〕 馬承源主編：《上海博物館藏戰國楚竹書（八）》，上海古籍出版社2011年版，第278頁。

〔註180〕 同上，第274頁。

〔註181〕 同上，第272、275頁。

〔註182〕 復旦吉大古文字專業研究生聯合讀書會：〈上博八〈有皇將起〉校讀〉，復旦大學出土文獻與古文字研究中心網站，2011年7月17日。

〔註183〕 參見鄔可晶先生在復旦吉大古文字專業研究生聯合讀書會〈上博八〈有皇將起〉校讀〉（復旦大學出土文獻與古文字研究中心網站，2011年7月17日）一文下的評論，2011年7月18日。

（兮），能爲余拜（拔）楮柧含（今）可（兮）。……」。全句謂可以冀望自己的孩子長大成人，能爲自己拔除楮樹和柧樹，當以剗除惡木爲喻，指涉祛除姦邪。

（2）可＝

**整理者**：「可＝」，「可」字下有重文符號，即「可可」。上一「可」字讀爲「兮」，係上句，語氣詞。下一「可」字讀爲「何」。……何，何故，爲什麼。〔註184〕

**陳按**：下一個「可」或當如字讀。

（3）𣍘

**整理者**：「哀」，哀歎，悲傷。〔註185〕

**復旦吉大古文字專業研究生聯合讀書會**：「可𣍘成夫」，𣍘作 形，整理者釋哀，明顯與字形不合。𣍘可能讀爲「幾」，參看裘錫圭〈釋戰國楚簡中的「𣍘」字〉（《古文字研究》第 26 輯，中華書局 2006 年 11 月），此處通「冀」，解爲期望，希望之義。《左傳》哀公十六年：「國人望君，如望歲焉，日月以幾。」杜預注：「冀君來。」陸德明釋文：「幾，音冀，本或作冀。」《漢書·杜欽傳》：「爲國求福，幾獲大利。」〔註186〕

**張峰**：簡 1 下的 讀書會已經釋爲「𣍘」，這是非常正確的，但此字下面所從與日小異，對比同簡的 字可知，「𣍘」下之日形有點訛書的成份。本篇訛書也比較常見，如簡 4 的 ，字形是「而」字，文義當爲「天」；簡 6 的 ，右側寫得像者字，讀書會已指出，從下文辭例上看，當爲從言從命之字；簡 2 的「亡」訛成「甲」形。

讀書會釋爲「幾」，訓爲「冀」，似不確。我們都知道，該字原來學者多數直接釋爲「期」，裘錫圭、李家浩等釋爲「幾」訓爲「期」，在簡文中亦應訓爲「期」。「何期」即什麼時候的意思，表時間。如：「先生與彼

---

〔註184〕馬承源主編：《上海博物館藏戰國楚竹書（八）》，上海古籍出版社 2011 年版，第 274 頁。

〔註185〕同上。

〔註186〕復旦吉大古文字專業研究生聯合讀書會：〈上博八〈有皇將起〉校讀〉註 4，復旦大學出土文獻與古文字研究中心網站，2011 年 7 月 17 日。

二子善。彼有戀戀之心，未知後會何期。」（《孔叢子・卷第四・儒服第十三》）

　　雖然「何期」作爲一個詞表時間在文獻中的用例極少，且先秦時期「何期」也可能不是一個詞，意思也不是表時間。如：《詩經・小雅・甫田之什第六・頍弁》：「有頍者弁，實維何期？」鄭箋云：「何期，猶伊何也。期，辭也。」但我們還是認爲簡文中表時間的可能性很大。〔註187〕

　　**邱敏文**：「■」字在此句釋作「可期成夫含可（兮）」，可以期望、期許成夫，如此較「可幾成夫今兮」更爲恰當。〔註188〕

　　**陳按**：正如張峰先生所言，「旨」字過去通常直接釋作「期」。此處讀作「期」，義與「冀」相近，指期望。

　　（4）城

　　**整理者**：「城」，讀爲「成」。……在楚簡中，「成」字大都寫作「城」。……「城」從「成」聲，故可相通。成，成長，長成。《左傳》哀公五年：「齊燕姬生子，不成而死。」「成」字用法略同。〔註189〕

　　（5）夫

　　**整理者**：「夫」，成年男子的通稱。〔註190〕

　　**張峰**：「成」從整理者爲「成長」義，「夫」整理者指出是「成年男子的通稱」。這裏的「夫」跟簡1上的「保子」相對。〔註191〕

　　**陳按**：此處的「夫」可與下文的「三夫」之「夫」合觀。

　　（6）爲

　　**整理者**：「爲」，介詞，相當於「被」。〔註192〕

〔註187〕張峰：〈《上博（八）・有皇將起》讀書筆記〉，武漢大學簡帛研究中心網站，2011年7月24日。

〔註188〕邱敏文：〈《上博八・有皇將起》簡釋讀注譯〉，臺灣《靜宜中文學報》2012年第1期。

〔註189〕馬承源主編：《上海博物館藏戰國楚竹書（八）》，上海古籍出版社2011年版，第274～275頁。

〔註190〕同上，第275頁。

〔註191〕張峰：〈《上博（八）・有皇將起》讀書筆記〉，武漢大學簡帛研究中心網站，2011年7月24日。

〔註192〕馬承源主編：《上海博物館藏戰國楚竹書（八）》，上海古籍出版社2011年版，第275頁。

陳按：此處的「爲」並不相當於「被」，而應當是與事介詞，可譯作「替」、「給」。

（7）拜

**復旦吉大古文字專業研究生聯合讀書會**：拜，整理者釋爲跪拜之拜，謂「拜楮柧」爲拜師。按此處「拜」亦可能如《詩經·甘棠》「蔽芾甘棠，勿剪勿拜」之拜，文獻尚不足徵，誌之存疑。〔註193〕

**鄔可晶**：簡1「可冀成夫今兮，能爲余拜楮柧今兮」，讀書會指出「拜」即「勿翦勿拜」之「拜」，甚是。「拜」猶「拔」。〔註194〕

**邱敏文**：如果「楮」與是形容於「大洛（路）」車旁的「惡木」，回溯第1簡下的「可期成夫含可（兮），能爲余拜楮柧含可（兮）」，「楮」、「柧」皆是「惡木」的說法便可與「能爲余拜楮柧」之「拜」復旦吉大讀書會釋字爲「勿翦勿拜」之「拜」，即「拔」，兩者相合。〔註195〕

陳按：「拜」猶「拔」，二者可視作通假關係，「拜」隸幫母月部，「拔」隸並母月部，音近可通。

（8）楮柧

**整理者**：「楮」，木名，即穀木。《說文》：「楮，穀。」《山海經·西山經》：「鳥危之山其陽多磬石，其陰多檀楮。」郭璞注：「楮，即穀木。」「柧」，本指有棱之木。《說文》：「柧，棱也。」也指用作書寫的多棱木牘。銀雀山漢簡《孫臏兵法·陳忌問壘》：「將戰書柧，所以哀正也。」字又同「觚」，《文選》班固〈西都賦〉：「設璧門之鳳闕，上觚棱而棲金爵。」李善注：「《說文》曰：『棱，柧也。』柧與觚同。」《急就篇》：「急就奇觚與眾異。」顏師古注：「觚者學書之牘，或以記事，削木爲之，蓋簡屬也。……其形或六面，或八面，皆可書。觚者，棱也。以有棱角，故謂之觚。」「楮柧」用楮木製作的木牘，此處代指學書識字。〔註196〕

〔註193〕復旦吉大古文字專業研究生聯合讀書會：〈上博八〈有皇將起〉校讀〉註5，復旦大學出土文獻與古文字研究中心網站，2011年7月17日。

〔註194〕參見鄔可晶先生在復旦吉大古文字專業研究生聯合讀書會〈上博八〈有皇將起〉校讀〉（復旦大學出土文獻與古文字研究中心網站，2011年7月17日）一文下的評論，2011年7月18日。

〔註195〕邱敏文：〈《上博八·有皇將起》簡釋讀注譯〉，臺灣《靜宜中文學報》2012年第1期。

〔註196〕馬承源主編：《上海博物館藏戰國楚竹書（八）》，上海古籍出版社2011年版，第275頁。

鄔可晶：「楮」是一種惡木（前人謂「楮」即「穀」，「穀，惡木也」（《詩‧小雅‧鶴鳴》疏）），「柧」當與之同類。〔註197〕

陳按：「柧」字，又見信陽楚墓竹簡2.021，寫作**柞**。《說文》云：「柧，棱。」「柧」指棱角，也指有棱角的樹木。「柧」與「楮」確均與翰墨有關，整理者逐朝學書識字方面考慮。當與楮一樣指惡木。

15. ……也含（今）可（兮），諭（命）三夫之旁也含（今）可（兮）。

（1）句解

該句整理者作「也含可（兮）。諭（命）三夫之旁（謗）也含可（兮）」〔註198〕，復旦吉大古文字專業研究生聯合讀書會作「也今可（兮），**䚻**（諭）三夫之旁也今可（兮）」〔註199〕，可從。此句句義難明，待考。

（2）諭

整理者：「諭」，從「言」，從「命」，即「命」字繁構，贅增「言」旁。命，告訴。〔註200〕

復旦吉大古文字專業研究生聯合讀書會：此字作**䚻**形，以下文辭例推斷，當係**䚻**之誤書。〔註201〕

單育辰：簡6「諭」作「**䚻**」形，參看本簡之「余」作「**夕**」，可知右確為「余」，但略有訛變。本簡的兩個「諭」字作「**䚻**」、「**䚻**」，從文義看，這兩個「諭」實為「諭」之訛變，上面略有訛變的「**䚻**」即是「**䚻**」、「**䚻**」形更進一步訛變的中間形態。這三個「諭」應讀為「舍」，施予之義，若如整

〔註197〕參見鄔可晶先生在復旦吉大古文字專業研究生聯合讀書會〈上博八〈有皇將起〉校讀〉（復旦大學出土文獻與古文字研究中心網站，2011年7月17日）一文下的評論，2011年7月18日。

〔註198〕馬承源主編：《上海博物館藏戰國楚竹書（八）》，上海古籍出版社2011年版，第282頁。

〔註199〕復旦吉大古文字專業研究生聯合讀書會：〈上博八〈有皇將起〉校讀〉，復旦大學出土文獻與古文字研究中心網站，2011年7月17日。

〔註200〕馬承源主編：《上海博物館藏戰國楚竹書（八）》，上海古籍出版社2011年版，第282頁。

〔註201〕復旦吉大古文字專業研究生聯合讀書會：〈上博八〈有皇將起〉校讀〉註16，復旦大學出土文獻與古文字研究中心網站，2011年7月17日。

理者釋爲「論」讀「命」則文義不可通矣。〔註202〕

　　**陳按**：「論」，或當讀作「命」，除了整理者所說的告訴義，尚有教誨、命令的意義。

　　（3）三夫之旁

　　**整理者**：「三夫」，多人的意思。「旁」，讀爲「謗」。……「三夫之旁」，多人傳佈的譏謗流言，猶成語「三夫之言」。按「三夫之言」語本《戰國策·秦策二》秦武王謂甘茂章所載，曾子的母親聽說「曾參殺人」，她不信；後不止一次聽到同樣的傳說，嚇得踰牆而走的故事。《後漢書·馬援傳》：「海內不知其過，眾庶未聞其毀，卒遇三夫之言，橫被誣罔之讒。」「三夫之言」與簡文「三夫之謗」意思相同，可以互參。又《戰國策·秦策三》秦攻邯鄲章：「三人成虎，十人揉椎，眾口所移，毋翼而飛。」亦可參考。〔註203〕

　　**張峰**：本篇的「夫」字有兩種寫法，分別爲 ■（簡2）、■、■（簡6），後一種寫法與《郭店·成之聞之》13 ■ 同。「三夫」典籍也多次出現，如：「四聚爲一離，五離爲一制，五制爲一田，二田爲一夫，三夫爲一家」（《管子·卷第一·乘馬第五》）、「臣聞，堯無三夫之分，舜無咫尺之地，以有天下」（《戰國策·蘇秦從燕之趙始合從》）等，簡文似不爲此意。〔註204〕

　　**陳按**：「三夫」較難理解，可與上文的「成夫」之「夫」聯繫，可理解作眾人。「旁」整理者讀作「謗」，尚有可疑之處。或當如字讀。《楚辭·九章·惜誦》云：「吾使萬神占之兮，曰有志極而無旁。」王逸注云：「旁，輔也。」另「傍」也有輔佐義。結合本篇的主旨，當指作者要求眾人一起來輔助自己的孩子。待考。

## 16. 膠膰秀（誘？）余含（今）可（兮），蜀（囑）論（命）三夫含（今）可（兮）。

　　（1）句解

〔註202〕參見單育辰先生在復旦吉大古文字專業研究生聯合讀書會〈上博八〈有皇將起〉校讀〉（復旦大學出土文獻與古文字研究中心網站，2011年7月17日）一文下的評論，2011年8月22日。

〔註203〕馬承源主編：《上海博物館藏戰國楚竹書（八）》，上海古籍出版社2011年版，第282～283頁。

〔註204〕張峰：《〈上博（八）·有皇將起〉讀書筆記》，武漢大學簡帛研究中心網站，2011年7月24日。

該句整理者作「膠膰秀（誘）余含可（兮）。蜀（囑）諞（命）三夫含可（兮）」，整理者指出，此句謂多人譏謗詩人是因為受「膠膰」（意思是好的待遇）之誘而擔任教職，即詆謏其動機不良〔註205〕。整理者說可疑。復旦吉大古文字專業研究生聯合讀書會作「膠膰秀（誘）余今可（兮），蜀（獨）諞三夫今可（兮）」〔註206〕。筆者作「膠膰秀（誘？）余含（今）可（兮），蜀（囑）諞（命）三夫含（今）可（兮）」。此句句義難明，待考。

（2）膠膰

**整理者**：「膠」，古代學校名。《禮記‧王制》：「周人養國老於東膠，養庶老於虞庠。」鄭玄注：「東膠亦大學，在國中王宮之東。」「膰」，《說文》作「燔」，古代祭祀用的熟肉。《周禮‧春官‧大宗伯》：「以脤膰之禮，親兄弟之國。」賈公彥疏：「脤是社稷之肉，膰是宗廟之肉。」後亦稱致送祭肉為「膰」。《左傳》僖公二十四年：「天子有事，膰焉。」「膠膰」，指致送學校的祭肉。〔註207〕

**邱敏文**：事實上「膠」字《說文》：「膠，昵也。作之皮，从肉翏聲。」段《注》又指出「昵」訓作黏。因此，「膠膰」可釋作：為親近、黏昵（暱）、得到膰肉之義。〔註208〕

**陳按**：整理者之說或可成立。另疑「膠」當讀作「醪」，可指濁酒，亦可作酒的總稱。「膰」是祭祀用的熟肉。《左傳》成公十三年云：「國之大事，在祀與戎。祀有執膰，戎有受脤，神之大節也。」杜注云：「膰，祭肉。」據《周禮‧春官‧大宗伯》賈疏：「脤是社稷之肉，膰是宗廟之肉。」醪、膰連用，或指祭祀用的酒肉。

（3）秀

**整理者**：「秀」，讀為「誘」，「誘」從「秀」得聲，可通。誘，引誘，受

---

〔註205〕馬承源主編：《上海博物館藏戰國楚竹書（八）》，上海古籍出版社2011年版，第282、283頁。

〔註206〕復旦吉大古文字專業研究生聯合讀書會：〈上博八〈有皇將起〉校讀〉，復旦大學出土文獻與古文字研究中心網站，2011年7月17日。

〔註207〕馬承源主編：《上海博物館藏戰國楚竹書（八）》，上海古籍出版社2011年版，第283頁。

〔註208〕邱敏文：〈《上博八‧有皇將起》簡釋讀注譯〉，臺灣《靜宜中文學報》2012年第1期。

誘惑。〔註209〕

　　陳按：整理者讀作「誘」，暫從之。「膠膰誘余」或指外在的誘惑。

　　（4）蜀詥

　　整理者：「蜀」，讀爲「囑」。……囑，叮囑，囑咐。……「囑命」，囑咐。
〔註210〕

　　復旦吉大古文字專業研究生聯合讀書會：讀作「獨」。〔註211〕

　　陳按：暫從整理者說。

## 17. 膠膰之腈（精）也含（今）可（兮），詥（命）夫三夫之禃（請？）也含（今）可（兮）。

　　（1）句解

　　該句整理者作「膠膰之腈也含可（兮），詥（命）夫三夫之禃也含可（兮）
↘」，整理者指出，最後這幾句詩爲諷刺句，大意是說告訴你們這些小人（三
夫），致送學校的祭肉是很精細的啊，你們可以去請求（得到）啊！由此表
達了詩人的憤慨之情。本句下有粗墨節篇章號，表示全文結束〔註212〕。整
理者說可疑。復旦吉大古文字專業研究生聯合讀書會作「膠膰之腈也今可
（兮），詥夫三夫之禃也今可（兮）↘」〔註213〕。筆者作「膠膰之腈（精）
也含（今）可（兮），詥（命）夫三夫之禃（請？）也含（今）可（兮）↘」。
此句句義難明，待考。

　　（2）腈

　　整理者：「腈」，讀爲「精」，兩字皆從「青」得聲，可通。……按「腈」
字雖不見於《說文》，但從造字本意分析，米之精細者爲「精」，則肉之精細
者可爲「腈」。或即「腈」當爲「精」字異構。《說文》：「精，擇也。」訓爲

---

〔註209〕馬承源主編：《上海博物館藏戰國楚竹書（八）》，上海古籍出版社 2011 年版，
　　　　　第 283 頁。
〔註210〕同上。
〔註211〕復旦吉大古文字專業研究生聯合讀書會：〈上博八〈有皇將起〉校讀〉，復旦
　　　　　大學出土文獻與古文字研究中心網站，2011 年 7 月 17 日。
〔註212〕馬承源主編：《上海博物館藏戰國楚竹書（八）》，上海古籍出版社 2011 年版，
　　　　　第 282、283 頁。
〔註213〕復旦吉大古文字專業研究生聯合讀書會：〈上博八〈有皇將起〉校讀〉，復旦
　　　　　大學出土文獻與古文字研究中心網站，2011 年 7 月 17 日。

純淨，精細。《論語・鄉黨》：「食不厭精，膾不厭細。」「膠膊之精」，謂致送學校之祭肉精細。〔註214〕

陳按：或當如整理者讀作「精」，就食物而言。上博簡〈天子建州・甲〉所見「腈」便讀作「精」。

（3）夫

整理者：「命夫」之「夫」從上文看似爲衍文，或爲語氣詞。〔註215〕

陳按：「命夫」之「夫」當作代詞解。

（4）祮

整理者：「祮」，讀爲「請」，二字皆從「青」得聲，可通。請，請求，要求。〔註216〕

陳按：或當如整理者讀作「請」，「求」也。「祮」從「示」，或與祭祀有關，與前文的「膠膊」相呼應。待考。

〔註214〕馬承源主編：《上海博物館藏戰國楚竹書（八）》，上海古籍出版社 2011 年版，第 283 頁。
〔註215〕同上。
〔註216〕同上。

# 四、〈鶗鴂〉集釋

## （一）題　解

　　〈鶗鴂〉與〈有皇將起〉形制、字跡相同，用語、用韻也存在一定聯繫，但目前條件下尚難判定二者關係。〈鶗鴂〉自然可以視作一篇短章，而若將其與〈有皇將起〉聯繫顯然需要更多的證據。本篇的編聯，參見〈有皇將起〉集釋的「編聯」部分。

　　所謂「鶗鴂」，雖然整理者釋字層面存在偏差，但對鶗鴂的認識則是正確的，對詩義的認識也存在一定的合理性。整理者指出：

>　　本篇楚辭以「鶗鴂」起興。「鶗鴂」即「梟」，或作「流離」，見《詩・邶風・旄丘》：「瑣兮尾兮，流離之子。」詩義本以鶗鴂少美長醜比喻衛臣始有小善，終無成功（參看《說文》段玉裁注）。本篇謂鶗鴂「欲衣而惡梟」、「不織而欲衣」，詩義似爲斥責不勞而獲的現象，所喻不同。〔註1〕

　　關於〈旄丘〉的詩句，毛傳云：「瑣尾，少好之貌。流離，鳥也，少好長醜，始而愉樂，終以微弱。」鄭箋云：「衛之諸臣，初有小善，終無成功，似流離也。」孔疏則云：

>　　毛以爲，黎之臣子責衛諸臣，言瑣兮而少，尾兮而好者，乃流離之子也。此流離之子，少而美好，長即醜惡，以興衛之諸臣，始

---

〔註1〕　馬承源主編：《上海博物館藏戰國楚竹書（八）》，上海古籍出版社 2011 年版，第 287 頁。

而愉樂，終以微弱。言無德自將，不能常為樂也。……鄭以為，衛之諸臣，初許迎黎侯而復之，終而不能，故責之。言流離之子，少而美好，長即醜惡，以興衛之臣子，初有小善，終無成功。……瑣者，小貌。尾者，好貌。故並言小好之貌。《釋訓》云：「瑣瑣，小也。」《釋鳥》云：「鳥少美長醜，為鶹鷅。」陸機云：「流離，梟也。自關西謂梟為流離，其子適長大，還食其母。」故張奐云「鶹鷅食母」，許慎云「梟，不孝鳥」，是也。流與鶹蓋古今之字。《爾雅》「離」或作「栗」。傳以上三章皆責衛不納己之辭，故以此章為黎之臣惡衛之諸臣，言汝等今好而苟且為樂，不圖納我，爾無德以治國家，終必微弱也。

從孔疏我們可以看出，鶹鷅有兩個重要特點：

其一所謂「少美長醜」。《爾雅・釋鳥》云：「鳥少美，長醜，為鶹鷅。」《說文》云：「鶹，鳥少美長醜為鶹離，從鳥留聲。」貓頭鷹類的幼鳥渾身細白絨毛，漂亮可愛，成年鳥則長相可怖，故有此說。季旭昇先生結合這一點指出：

> 不肯努力工作，小時候有父母照顧，還可以飽食煖衣，等到年華老去，沒有父母照顧，當然就無衣可穿，自然就是「少美老醜」啦！
>
> 《上博八・鶹鷅》的主旨是否如此，由於簡文殘缺太甚，不敢太肯定。但從「少壯不努力，老大徒傷悲」去發揮，似乎還是可以和傳統典籍《毛詩・旄丘》互相印證。〔註2〕

其二是「不孝」。《說文》云：「梟，不孝鳥也。」陸璣《毛詩草木鳥獸蟲魚疏》云：「流離，梟也。自關而西，謂梟為流離。其子適長大，還食其母。故張奐云：鶹鷅食母。許慎云：梟，不孝鳥。是也。」《正字通・木部》云：「梟，鳥生炎州，母嫗子百日，羽翼長，從母索食，食母而飛。」嚴格來說，「梟」是貓頭鷹類的泛稱，鶹鷅是其中一種。「梟」與「鶹鷅」渾言之則同，析言之則異。所謂「食母」、「不孝」，便是梟或鶹鷅的一大特徵。

與「不孝」有關的還有「愛子」。《呂氏春秋・分職》：「譬白公之嗇，若

---

〔註2〕 季旭昇：〈《詩・衛風・旄丘》「流離」探析——兼談《上博八・鶹鷅》〉，第二屆海峽兩岸國學論壇暨第三屆海峽國學高端研討會，廈門大學，2011 年 11 月。

梟之愛其子也。」《文字‧微明》：「不能爲人，又無以自爲，可謂愚人，無以異於梟愛其子也。」《淮南子‧道應訓》：「譬白公之齒也，何以異於梟之愛其子也？」均言梟「愛其子」。

需要注意的是，〈鵬鵜〉與〈有皇將起〉一樣，都提到「子」，且〈有皇將起〉的「子」也有「異心」、「有過」。二者是否存在關聯？二者是否意義一致？〈鵬鵜〉的「子」又是否與梟「不孝」、「愛子」的特點有關？都是值得考慮的。囿於材料，尚難確定。在《楚辭》中，惡禽「以比讒佞」（王逸《楚辭章句》），鵬鵜可能用於起興，也可能用於比擬，但全篇應非詠物之作。總體看來，雖然本篇未必如整理者所說斥責鵬鵜不勞而獲的現象，但鵬鵜作爲反面的意象基本是可以確認的。作者確實在反對某種不道德的現象，但以厭惡粗麻衣物且不通過織布而獲得衣服的現象進行諷刺，未必是就鵬鵜而言，而可能是借鵬鵜指責某個具體對象，或即本篇出現的「子」。「子」有可能如整理者所說是第二人稱代詞，也有可能如〈有皇將起〉所見「子」指作者之子。根據筆者的理解，作者借鵬鵜起興，諷刺某人貪圖錦衣玉食，捨棄自己而去，且妄想不勞而獲。

《詩經‧豳風‧鴟鴞》涉及鴟鴞，《尚書‧金縢》謂〈鴟鴞〉係周公所作，清華簡〈金縢〉所記同，且「鴟鴞」寫作「周鴞」〔註3〕。鴟、鴞均與鴟鴞科鳥類有關，主要指鴟鴞，高亨先生《詩經今注》便認爲〈鴟鴞〉中的鴟鴞指貓頭鷹〔註4〕。此外，不少人認爲詩中的鴟鴞指鶗鴃，即鵬鵜，以陸璣《毛詩草木鳥獸蟲魚疏》爲代表。《爾雅‧釋鳥》亦云：「鴟鴞，鶗鴃。」如果該詩的「鴟鴞」與鴟鴞科鳥類有關，則無疑與鵬鵜相近，〈鴟鴞〉與〈鵬鵜〉的起興對象、敘述口吻及託物寓言的形式均有相似之處。〈鵬鵜〉若是斥責不勞而獲的現象，則確實要與〈鴟鴞〉「鴟鴞鴟鴞，既取我子，無毀我室」相聯繫了。

賈誼撰有〈鵩鳥賦〉，據《史記‧屈原賈生列傳》，鵩鳥是楚人對「鴞」的稱呼。所謂鵩鳥，確切地說應該是鶗鴃，或以爲與鵬鵜同，事實上鵬鵜與鶗鴃並不是同一種鳥。鶗鴃是鴟鴞科的小型種類。但不管怎麼說，〈鵩鳥賦〉與本篇涉及的對象存在較高一致性，可以合觀。與〈桐頌（李頌）〉、〈蘭賦〉

---

〔註3〕　學者或將「周」讀作「雕」，或讀作「鴟」，參見筆者所輯〈清華簡〈金縢〉集釋〉，復旦大學出土文獻與古文字研究中心網站，2011年9月20日（與胡凱合作）。

〔註4〕　高亨：《詩經今注》，上海古籍出版社2009年版，第207頁。

不同，〈鵩鳥賦〉與本篇所涉對象實爲一般認爲的惡鳥。另孔臧有〈鴞賦〉，所賦對象相類。〈鵩鳥賦〉與〈鴞賦〉均將鵩鳥視作「異物」。

此外，吳洋先生結合烹食梟的記載指出：「他人贈予、作者接受惡鳥『鶹鷅』，其目的在於烹調爲食、以之爲羹，作者只不過借題發揮，闡述『鶹鷅』之惡，以達到必欲啖之而後快的目的罷了。」〔註5〕可備一解。吳洋先生將〈鶹鷅〉與〈旄丘〉進行互證，多有闡發。

吳洋先生提到的烹食梟的現象是值得注意的。陸璣《毛詩草木鳥獸蟲魚疏》以爲鴞「其肉甚美，可爲羹臛，又可爲炙」。文獻中更有五月五日作「梟羹」以達禳除的目的，吳洋先生已經有所申說。在此需要補充的是，《莊子》的〈齊物論〉、〈大宗師〉都見及「鴞炙」。在最近公佈的清華簡第三冊中有〈赤鵠之集湯之屋〉一篇，所謂「赤鵠」之「鵠」，簡文寫作「鵅」，整理者認爲「鵅」字從咎聲，見母幽部，「鵠」字從告，見母覺部，係對轉，並聯繫到《楚辭·天問》中聚訟紛如的「緣鵠飾玉，后帝是饗」〔註6〕。也有學者提出，「鵅」讀作「鳩」〔註7〕。筆者則懷疑簡文的「鵅」或可讀作「梟」〔註8〕，指貓頭鷹類的鳥。「梟」在見母宵部，古音與「鵅」確是極爲相近。準此，〈赤鵠之集湯之屋〉所見將赤鵅做羹的現象當與「梟羹」聯繫，有待進一步研究。

## （二）釋　文

### 嚴式釋文：

子遝（遺）余妻（妻－鶹）橐（栗－鷅）含（今）可（兮）。妻（妻－鶹）橐（栗－鷅）之止含（今）可（兮），欲衣而亞（惡）縰（梟）含（今）可（兮）。妻（妻－鶹）橐（栗－鷅）之羽含（今）可（兮），子可（何）舍

---

〔註5〕　吳洋：〈《上博（八）·鶹鷅》與《詩經·邶風·旄丘》〉，《出土文獻研究》第11輯，中西書局2012年版，第52頁。

〔註6〕　清華大學出土文獻研究與保護中心編，李學勤主編：《清華大學藏戰國竹簡（叁）》，中西書局2012年版，第168頁。

〔註7〕　參見侯乃峰〈《赤鵠之集湯之屋》的「赤鵠」或當是「赤鳩」〉，武漢大學簡帛研究中心網站，2013年1月8日。按該觀點最早見於武漢大學簡帛研究中心網站的論壇帖，發表於2012年9月6日。「鵅」讀作「鳩」在辭例方面是很充分的，楚簡有不少例證。

〔註8〕　陳民鎮：〈上博簡（八）楚辭類作品與楚辭學的新認識——兼論出土文獻與中國古典文學研究的關係〉，《邯鄲學院學報》2013年第3期。

＝（舍余）含（今）可（兮）？窶（婁－鶹）櫐（栗－鷅）羿（翮）飛含（今）【1】可（兮），不戠（織）而欲衣含（今）可（兮）。【2】

**寬式釋文：**

子遺余鶹鷅今兮。鶹鷅之止今兮，欲衣而惡枲今兮。鶹鷅之羽今兮，子何舍余今兮？鶹鷅翮飛今兮，不戠（織）而欲衣今兮。

**整理者釋文：**

子遺余變（鶹）栗（鷅）含可（兮），變（鶹）栗（鷅）之止含可（兮）。欲衣而亞（惡）緣（枲）含可（兮），變（鶹）栗（鷅）之羽含可（兮）。子可（何）舍＝（舍余）含可（兮），變（鶹）栗（鷅）羿（膀）飛含【1】……可（兮），不戠（織）而欲衣含可（兮）。【2】

## （三）韻　讀

子遺余鶹鷅（質部）今兮。鶹鷅之止（之部）今兮，欲衣而惡枲（之部）今兮。鶹鷅之羽（魚部）今兮，子何舍余（魚部）今兮？鶹鷅翮飛（微部）今兮，不戠而欲衣（微部）今兮。

**說明：**復旦吉大古文字專業研究生聯合讀書會已有初步分析。

## （四）集　釋

### 1. 子遞（遺）余窶（婁－鶹）櫐（栗－鷅）含（今）可（兮）。

#### （1）句解

該句整理者作「子遺余變（鶹）栗（鷅）含可（兮）」〔註9〕。復旦吉大古文字專業研究生聯合讀書會作「子遺余婁（鶹）栗（鷅）今可（兮）」〔註10〕，可從，依據詩義及用韻，筆者將其斷作一句。該句可能是全篇開頭，引出比興對象——鶹鷅，該句之前可能尚有缺漏的文字。程少軒先生指出，殘去的首句應與其餘幾句字數相仿，抄在前一支簡上，且與「子遺余鶹

〔註9〕馬承源主編：《上海博物館藏戰國楚竹書（八）》，上海古籍出版社2011年版，第288頁。

〔註10〕復旦吉大古文字專業研究生聯合讀書會：〈上博八〈鶹鷅〉校讀〉，復旦大學出土文獻與古文字研究中心網站，2011年7月17日。

鵙含兮」押質部韻〔註 11〕。

（2）子

**整理者**：「子」，對男子的客氣稱呼。〔註 12〕

**陳按**：或可訓作第二人稱代詞「你」。也可能與〈有皇將起〉的「子」一樣，指作者之子。待考。

（3）遺

**整理者**：「遺」，給與，饋贈。〔註 13〕

**陳按**：整理者說可從。另《楚辭・九歌・湘夫人》：「捐余玦兮江中，遺余褋兮醴浦。」「遺」訓遺棄，簡文的「遺」意義亦或與此有關，錄之備考。

（4）余

**整理者**：「余」，代詞，表第一人稱，我。……楚文字用作第一人稱的字，常常寫作「虐」，也有寫作「余」的，見銅器銘文。本篇表第一人稱用「余」字，而《楚辭》表第一人稱，也是以「余」字為主。〔註 14〕

（5）變栗

**整理者**：「變栗」，讀為「鶹鵜」。「變」，讀為「鶹」，古音「變」為來母元部字，「留」為來母幽部字，「留」、「變」雙聲，可以通假，而「鶹」字從「留」得聲。「栗」讀為「鵜」，「鵜」字從「栗」得聲，故通。「鶹鵜」，鳥，梟的別名。《爾雅・釋鳥》：「鳥少美長醜為鶹鵜。」（《說文》作「鳥少美長醜為鶹離」）「鶹鵜」或作「鶹離」、「流離」、「留離」。《詩・邶風・旄丘》：「瑣兮尾兮，流離之子。」毛傳：「瑣、尾，少好之貌。流離，鳥也，少好長醜。」孔穎達疏：「陸機云：『流離，梟也。自關之西謂梟為流離。其子適長大，還食其母。故張奐云鶹鵜食母，許慎云梟不孝鳥是也。』流與鶹，蓋古今之字。」詩義本以鶹鵜少美長醜比喻衛臣始有小善，終無成功（參看《說文》段玉裁注），本篇所喻不同。《楚辭》中也有以「梟」為

〔註 11〕程少軒：〈上博八〈鶹鵜〉與〈有皇將起〉編冊小議〉，《中國文字》新 38 期，臺灣藝文印書館 2012 年版，第 113～120 頁。

〔註 12〕馬承源主編：《上海博物館藏戰國楚竹書（八）》，上海古籍出版社 2011 年版，第 288 頁。

〔註 13〕同上。

〔註 14〕同上。

諷喻之對象，如〈七諫・怨世〉：「梟鴞既以成群兮。」王逸注：「言貪狼之人並進成群。」〈七諫・怨思〉：「梟鴞並進而俱鳴兮。」王逸注：「言小人相舉而議論。」可以參看。〔註15〕

**復旦吉大古文字專業研究生聯合讀書會：**字整理者釋變，細按字形，其字上部「言」形左右所從並非「糸」形，而係兩手形。這種形體應該是在從言從婁省讀爲「數」的那個字基礎上的減省，即保留言旁，省掉角旁。是從女從數省聲的「婁」字異體，故此字實爲婁字。婁爲來母侯部字，留爲來母幽部字，古音相近，故此字仍得讀爲鶹。〔註16〕

**劉洪濤：**〈彭祖〉簡2有一個字作，用作「鶹」的這個「婁」字應該跟它有關。我覺得它們可能就是「婁」字，而非從「言」從「婁」之字。〔註17〕

查《傳抄古文字編》451頁「簍」字下收兩形，實即「簍」字。上古音「籭」屬來母屋部，「簍」屬來母侯部，二字音近可通。這種寫法的「婁」字即〈彭祖〉「婁」字之形。〔註18〕

**蘇建洲：**洪濤兄說可從，字正是婁。此字等字還與（婁，《包山》05）（婁，《包山》103）（婁－數，〈君人者何必安哉〉甲4）等字有關係，參拙文〈《上博三・仲弓》簡20「數」字解兼論秦漢文字的「婁」〉（待刊稿）〔註19〕

**劉洪濤：**現在看來，用作「鶹」的這個「婁」字就是從由包山簡5的這個形體受「言」字影響譌變類化形成的。您舉的其他字形則是這個字形的省減，跟用作「鶹」的這個「婁」沒有直接的承繼關係。它們是兄弟，不是父

〔註15〕同上，第288～289頁。
〔註16〕復旦吉大古文字專業研究生聯合讀書會：〈上博八〈鶹鷅〉校讀〉註1，復旦大學出土文獻與古文字研究中心網站，2011年7月17日。
〔註17〕參見劉洪濤先生在復旦吉大古文字專業研究生聯合讀書會〈上博八〈鶹鷅〉校讀〉（復旦大學出土文獻與古文字研究中心網站，2011年7月17日）一文下的評論，2011年7月17日。
〔註18〕參見劉洪濤先生在復旦吉大古文字專業研究生聯合讀書會〈上博八〈鶹鷅〉校讀〉（復旦大學出土文獻與古文字研究中心網站，2011年7月17日）一文下的評論，2011年8月3日。
〔註19〕參見蘇建洲先生在復旦吉大古文字專業研究生聯合讀書會〈上博八〈鶹鷅〉校讀〉（復旦大學出土文獻與古文字研究中心網站，2011年7月17日）一文下的評論，2011年7月18日。

子……而我舉的字形，即可能是從用作「鷚」的「嫛」字省減變來，也可能是由您舉的其他字形變來，跟用作「鷚」的「嫛」是平行的演變關係。〔註20〕

蘇建洲先生這篇大作（http://www.gwz.fudan.edu.cn/SrcShow.asp？Src_ID=1469）中，對「嫛」字已做了很詳細的討論，大家可以參閱，看來事情不是單線發展的。〔註21〕

何有祖：註釋 1 所說「其字上部『言』形左右所從並非『糸』形，而係兩手形」。若要細扣的話，可能應該是從音，整個字的分析當如劉洪濤、蘇建州二兄所論。〔註22〕

高佑仁：我也認爲是從「音」，當時只見第一字的圖片，左側一短橫，很難論定，所以不敢說，現在看來簡 1 第 8 字以及倒數第 5 字都從音，第 21 字則從言，音言替換的用例很多了。〔註23〕

黃人二、趙思木：，整理者隸定爲「變」，釋爲「鷚」。按，簡文此字與「變」之別，在於「變」所從之聲旁，乃是「絲」字，「絲」從二「糸」；而此字所從者，乃非二「糸」，而是《說文》之「臼」，故此字當隸定爲「嫛」。此字或與郭店簡〈忠信之道〉簡 9 的「」字有關。彼字從口、從女、從兩手持角，當釋爲「嘍」。此字則易彼字中之「角」爲「言」，可釋爲「嘍」，「嘍」、「鷚」聲紐相同，都是來母，韻部則一侯一幽，可相通轉。鷚鷜，《說文解字注》說的很清楚，整理者也引了段注的相關說法，《爾雅·釋鳥》：「少美長醜爲鷚鷜。」亦《詩》所謂「流離之子」也。

至於文學的比喻上，乃典型的騷賦之體。東漢·王逸《楚辭章句》云：「〈離騷〉之文，依《詩》取興，引類譬論，故善鳥、香草，以配忠貞。惡禽、臭

〔註20〕 參見劉洪濤先生在復旦吉大古文字專業研究生聯合讀書會〈上博八〈鷚鷜〉校讀〉（復旦大學出土文獻與古文字研究中心網站，2011 年 7 月 17 日）一文下的評論，2011 年 7 月 18 日。

〔註21〕 同上。

〔註22〕 參見何有祖先生在復旦吉大古文字專業研究生聯合讀書會〈上博八〈鷚鷜〉校讀〉（復旦大學出土文獻與古文字研究中心網站，2011 年 7 月 17 日）一文下的評論，2011 年 7 月 18 日。又見何有祖〈上博楚簡釋讀札記〉，武漢大學簡帛研究中心網站，2011 年 7 月 24 日。

〔註23〕 參見高佑仁先生在復旦吉大古文字專業研究生聯合讀書會〈上博八〈鷚鷜〉校讀〉（復旦大學出土文獻與古文字研究中心網站，2011 年 7 月 17 日）一文下的評論，2011 年 7 月 18 日。

物，以比讒佞。」《爾雅》云「二足而羽謂之禽」，可以很恰當地說明簡文之意義。〔註24〕

　　**黃傑**：佑仁先生，第21字也是從音的，細看大圖便知。〔註25〕

　　**高佑仁**：確實，黃傑兄說的有道理，字從音。〔註26〕

　　**季旭昇**：「流離」與「梟」應該沒有任何關係，陸璣《毛詩草木鳥獸蟲魚疏》說梟「大則食其母」，這跟詩文表現黎人對衛人的怨懟找不出任何對應之處，所以前引馬瑞辰《毛詩傳箋通釋》明白地反對《釋文》引陸璣釋梟之說。應可從。〔註27〕

　　**陳按**：所謂「鴟鴞」，又稱「流離」。陸璣《毛詩草木鳥獸蟲魚疏》云：「流離，梟也。自關而西，謂梟爲流離。」所謂「梟」，則是鳥綱鴟鴞科各種鳥的泛稱，亦作「鴞」，即我們通常所說的貓頭鷹。《爾雅·釋鳥》云：「梟，鴟。」這一類鳥種類繁多，另有鵂鶹，《山海經·北山經》云：「（饒山）其鳥多鴟。」郭璞注云：「未詳。或曰鴟，鵂鶹也。」或以爲與鴟鴞同，但嚴格來說鴟鴞與鵂鶹並不是同一種鳥。

　　《爾雅·釋鳥》云：「鳥少美，長醜，爲鴟鴞。」郭璞注云：「鴟鴞猶留離，《詩》所謂『留離之子』。」今本《詩·邶風·旄丘》云：「瑣兮尾兮，流離之子。」筆者在《題解》中已經指出鴟鴞有「少美長醜」、「不孝」、「愛子」等特徵，或可與本篇合觀。

　　「鴟鴞」簡文寫作「婁櫐（婁栗）」，整理者雖然釋字有誤，但認識正確。《詩經·邶風·旄丘》孔疏已經指出《爾雅》「離」或作「栗」，與簡文同。

　　**（6）含可**

　　**整理者**：「含可」，讀爲「含兮」，語氣詞，相當於現代詩歌中的「哎啊」。

---

〔註24〕黃人二、趙思木：〈讀《上海博物館藏戰國楚竹書（八）·鴟鴞》書後〉，武漢大學簡帛研究中心網站，2011年7月18日。

〔註25〕參見黃傑先生在復旦吉大古文字專業研究生聯合讀書會〈上博八〈鴟鴞〉校讀〉（復旦大學出土文獻與古文字研究中心網站，2011年7月17日）一文下的評論，2011年7月29日。

〔註26〕參見高佑仁先生在復旦吉大古文字專業研究生聯合讀書會〈上博八〈鴟鴞〉校讀〉（復旦大學出土文獻與古文字研究中心網站，2011年7月17日）一文下的評論，2011年7月29日。

〔註27〕季旭昇：〈《詩·衛風·旄丘》「流離」探析——兼談《上博八·鴟鴞》〉，第二屆海峽兩岸國學論壇暨第三屆海峽國學高端研討會，廈門大學，2011年11月。

雙音節語氣詞「含兮」，在楚辭中亦見於本冊〈有皇將起〉篇。〔註28〕

## 2. 婁（婁－鶪）橐（栗－鵜）之止含（今）可（兮），欲衣而亞（惡）綵（枲）含（今）可（兮）。

### （1）句解

該句整理者作「變（鶪）栗（鵜）之止含可（兮）。欲衣而亞（惡）綵（枲）含可（兮）」〔註29〕，復旦吉大古文字專業研究生聯合讀書會作「婁（鶪）栗（鵜）之止今可（兮），欲衣而亞（惡）綵（枲）今可（兮）」〔註30〕，可從。本句以「鶪鵜之止」起興，諷刺某人貪圖錦衣玉食的現象。

### （2）止

**整理者**：「止」，鳥棲息。〔註31〕

**沈之傑**：「婁（鶪）栗（鵜）之止」，「止」當讀爲趾。下一章即言「婁（鶪）栗（鵜）之羽」。《詩·周南》有〈麟之趾〉，共三章，各章首句分別是「麟之趾」、「麟之定」、「麟之角」，可與簡文各章合觀。〔註32〕

**吳洋**：「止」字當讀爲「趾」。〔註33〕

**陳按**：沈先生之說或可成立。

### （3）衣

**整理者**：「衣」，穿衣服。〔註34〕

**黃人二、趙思木**：[字]，整理者隸定爲「衣」。按，此字是「卒」字，當

---

〔註28〕馬承源主編：《上海博物館藏戰國楚竹書（八）》，上海古籍出版社 2011 年版，第 289 頁。

〔註29〕同上，第 288 頁。

〔註30〕復旦吉大古文字專業研究生聯合讀書會：〈上博八〈鶪鵜〉校讀〉，復旦大學出土文獻與古文字研究中心網站，2011 年 7 月 17 日。

〔註31〕馬承源主編：《上海博物館藏戰國楚竹書（八）》，上海古籍出版社 2011 年版，第 289 頁。

〔註32〕參見沈之傑先生在復旦吉大古文字專業研究生聯合讀書會〈上博八〈鶪鵜〉校讀〉（復旦大學出土文獻與古文字研究中心網站，2011 年 7 月 17 日）一文下的評論，2011 年 7 月 18 日。

〔註33〕吳洋：《〈上博（八）·鶪鵜〉與〈詩經·邶風·旄丘〉》，《出土文獻研究》第 11 輯，中西書局 2012 年版，第 50 頁。

〔註34〕馬承源主編：《上海博物館藏戰國楚竹書（八）》，上海古籍出版社 2011 年版，第 289 頁。

隸定爲「卒」，而釋爲「衣」。楚簡文字中之「衣」或從「衣」之字往往在下部加一飾筆，從而與「卒」字相混，此字即加有飾筆之「衣」，據其字形，當隸定爲「卒」。

至於是不是應當視此字爲「衣」字之誤摹，我想不必。「卒」（清母、微部）、「衣」（喻母、微部）古音很接近，可互通假。〔註35〕

**陳按**：按「卒」字係由「衣」字分化，戰國文字的「卒」多由「衣」字下斜出筆劃處加斜劃、橫劃或圓點，或寫作「圶」。「衣」、「卒」多有混用或相通〔註36〕。簡文該字凡兩見，作 [圖] 、[圖] ，與「卒」的字形相同。整理者之說可從〔註37〕。

## （4）而

**整理者**：「而」，卻，連詞。〔註38〕

## （5）亞

**整理者**：「亞」，讀爲「惡」。……厭惡，討厭。〔註39〕

## （6）縡

**整理者**：「縡」，即「枲」字，見《說文》「枲」字籀文。《說文》作「𦀻」，其構形上從「𦎫」，即「㠯」字異體。《說文》：「枲，麻也。」枲即粗麻，用來編製的衣服稱爲「褐衣」。《說文》：「褐，編枲韤。一曰粗衣。」《孟子・滕文公上》「許子衣褐」，趙岐注：「或曰：褐，枲衣也。」是古時貧賤者穿

---

〔註35〕黃人二、趙思木：〈讀《上海博物館藏戰國楚竹書（八）・鶹鷅》書後〉，武漢大學簡帛研究中心網站，2011 年 7 月 18 日。

〔註36〕黃文傑：《秦至漢初簡帛文字研究》，商務印書館 2008 年版，第 124 頁。

〔註37〕筆者曾以爲該字係「卒」，或可讀作「萃」。燕王職矛的「卒」，即讀作「萃」。《楚辭・九歌・湘夫人》：「鳥萃兮蘋中。」《楚辭・天問》云：「何繁鳥萃棘，負子肆情？」又云：「蒼鳥群飛，孰使萃之？」又云：「北至回水，萃何喜？」王逸注云：「萃，止也。」「萃」可指鳥之棲止。《詩經・陳風・墓門》云：「墓門有梅，有鴞萃止。」毛傳云：「鴞，惡聲之鳥也。萃，集也。」此處的「鴞」指鵩鳥，係不祥鳥，與鶹鷅（枲）有別，但存在聯繫。〈鶹鷅〉中的「萃」，亦或是此義，相當於「集」、「止」。如果循此思路，上文的「止」當讀作「趾」，下文的「枲」則應是鶹鷅棲止的對象。不過整理者對「不戠而欲衣」的解釋更具合理性，總體來看，應從整理者說。

〔註38〕馬承源主編：《上海博物館藏戰國楚竹書（八）》，上海古籍出版社 2011 年版，第 289 頁。

〔註39〕同上。

的衣服。〔註40〕

　　**陳按**：整理者說可從。所謂枲，指大麻的雄株或泛指麻。《爾雅‧釋草》云：「枲，麻也。」《說文》所記相同。郭店簡〈窮達以時〉所謂「咎繇衣枲褐」，亦可參看。

## 3. 娶（婁－鷗）槀（栗－鶏）之羽含（今）可（兮），子可（何）舍＝（舍余）含（今）可（兮）？

　　（1）句解

　　整理者作「變（鷗）栗（鶏）之羽含可（兮）。子可（何）舍＝（舍余）含可（兮）」〔註41〕。復旦吉大古文字專業研究生聯合讀書會作「婁（鷗）栗（鶏）之羽今可（兮），子可（何）舍＝（舍余）今可（兮）」〔註42〕，可從。本句以鷗鶏之羽起興，或指某人何以捨己而去，待考。

　　（2）羽

　　**整理者**：「羽」，鳥毛。《說文》：「羽，鳥長毛也。」引申爲鳥的翅膀。〔註43〕

　　（3）子

　　**陳按**：若是第二人稱代詞，有可能指鷗鶏，也有可能是「遺余鷗鶏」者，後者最有可能，因爲全篇看來鷗鶏只是起興對象，作者所諷刺的對象另有實指。也有可能是指作者之子。待考。

　　（4）舍＝

　　**整理者**：「舍＝」，下有合文符號，讀爲「舍余」。……舍，給予。……「舍余」，給我，與上文「遺余」異文同義。〔註44〕

　　**黃人二、趙思木**：〈鷗鶏〉簡一「子可舍舍含可」，第一個「可」字，讀爲「何」。「舍舍」疑讀爲「楚楚」，《說文》：「黼，合五采鮮色。《詩》曰：衣裳黼黼。」按，今《詩經‧曹風‧蜉蝣》作「蜉蝣之羽，衣裳楚楚」，毛

〔註40〕同上，第289頁。

〔註41〕同上，第288頁。

〔註42〕復旦吉大古文字專業研究生聯合讀書會：〈上博八〈鷗鶏〉校讀〉，復旦大學出土文獻與古文字研究中心網站，2011年7月17日。

〔註43〕馬承源主編：《上海博物館藏戰國楚竹書（八）》，上海古籍出版社2011年版，第289頁。

〔註44〕同上，第290頁。

傳：「楚楚，鮮明貌。」此〈鶹鷎〉曰「鶹鷎之羽含可，子可舍舍含可」，其以「楚楚」，形容鶹鷎之羽毛與〈蜉蝣〉正同，正謂鶹鷎羽毛之毛色鮮明也。〔註45〕

吳洋：「舍舍」大概可以讀爲「繹繹」，「子何繹繹」正緊承上一句「鶹鷎之羽」，感嘆「鶹鷎」的羽毛之盛。〔註46〕

陳按：筆者以爲當作捨棄、離開解，「子何舍余」指對方爲何捨己而去，或可與鶹鷎「不孝」的惡名相聯繫。

## 4. 婁（婁－鶹）橐（栗－鷎）翱（翮）飛含（今）可（兮），不戠（織）而欲衣含（今）可（兮）。

### （1）句解

該句整理者作「變（鶹）栗（鷎）翱（膀）飛含……可（兮），不戠（織）而欲衣含可（兮）」〔註47〕，復旦吉大古文字專業研究生聯合讀書會作「婁（鶹）栗（鷎）翱（翮）飛今……可（兮），不戠（織）而欲衣今可（兮）」〔註48〕，可從。本句當以鶹鷎翮飛起興，諷刺某人不勞而獲的現象。

### （2）翱

**整理者**：「翱」，構形上從「羽」、中從「目」、下從「旁」，字從「旁」得聲，當即「翅膀」之「膀」字或體。……「膀飛」，猶言「翅膀」。鳥之翅膀是用來飛翔的，所以簡文稱之爲「膀飛」。「膀飛」與上句「羽」所指相同，變換同義字（詞）重複歌詠，這是詩歌中常見的修辭手法。〔註49〕

**復旦吉大古文字專業研究生聯合讀書會**：▉字上部從羽，整理者以爲下部從旁，釋此字爲膀，解「膀飛」爲翅膀，殊捍格難通。陳劍先生指出此字

〔註45〕黃人二、趙思木：〈讀《上海博物館藏戰國楚竹書（八）·鶹鷎》書後〉，武漢大學簡帛研究中心網站，2011 年 7 月 18 日。
〔註46〕吳洋：〈《上博（八）·鶹鷎》與《詩經·邶風·旄丘》〉，《出土文獻研究》第11 輯，中西書局 2012 年版，第 50 頁。
〔註47〕馬承源主編：《上海博物館藏戰國楚竹書（八）》，上海古籍出版社 2011 年版，第 288、290 頁。
〔註48〕復旦吉大古文字專業研究生聯合讀書會：〈上博八〈鶹鷎〉校讀〉，復旦大學出土文獻與古文字研究中心網站，2011 年 7 月 17 日。
〔註49〕馬承源主編：《上海博物館藏戰國楚竹書（八）》，上海古籍出版社 2011 年版，第 290 頁。

下部實當即「邊」字所從舄形，則此字可讀爲「翩」。邊爲幫母元部字，翩爲滂母眞部字，二字上古聲母皆唇音，韻部爲旁轉關係，自可相通。以「翩飛」形容鳥飛之貌，文從字順，可圓通無礙。〔註50〕

**黃人二、趙思木：**▇，整理者以爲上從羽，中從目，下從旁，從旁得聲，蓋即「膀」之或體。按，此字可視爲上從羽，下從舄，疑讀爲「卑」，「鶹鷞卑飛」與下文「不戠（織）而欲衣」蓋相反相成，嘲笑鶹鷞之語。比喻所培養的貴族子弟，本欲教育成一飛戾天之鷙鳥或鳳鵬，無奈最後變質，成爲不成大器之惡禽。蘇東坡有詩云：「九萬里風安稅駕，雲鵬今悔不卑飛。」蓋反用其意。〔註51〕

**吳洋：**筆者以爲此字當讀爲「翻」。「翻」爲滂母元部字，「旁」爲並母陽部字，並母、滂母均爲唇音，陽部、元部主要元音相通，二字聲韻俱近，可以通假。〔註52〕

**陳按：**復旦吉大讀書會之說可從。《詩經・魯頌・泮水》：「翩彼飛鴞，集于泮林。」《楚辭・九歌・湘君》：「飛龍兮翩翩。」《楚辭・九辯》：「燕翩翩其辭歸兮。」可以參看。

## （3）戠

**整理者：**「戠」，讀爲「織」，織從「戠」得聲，可通。織，織布。〔註53〕

**陳按：**整理者說可從。

〔註50〕復旦吉大古文字專業研究生聯合讀書會：〈上博八〈鶹鷞〉校讀〉註2，復旦大學出土文獻與古文字研究中心網站，2011年7月17日。

〔註51〕黃人二、趙思木：〈讀《上海博物館藏戰國楚竹書（八）・鶹鷞》書後〉，武漢大學簡帛研究中心網站，2011年7月18日。

〔註52〕吳洋：〈《上博（八）・鶹鷞》與《詩經・邶風・旄丘》〉，《出土文獻研究》第11輯，中西書局2012年版，第51頁。

〔註53〕馬承源主編：《上海博物館藏戰國楚竹書（八）》，上海古籍出版社2011年版，第290頁。

# 下編　專題研究

# 上博簡〈蘭賦〉與「幽蘭」意象探論
## ——兼說先秦文獻中的「蘭」〔註1〕

　　摘要：先秦文獻中的「蘭」與「幽蘭」的涵義，以及今蘭與古蘭的關係，向有異辭。上博簡〈蘭賦〉的主題便是「幽蘭」，通過釐清篇中有關「蘭」之芬芳及其生長之所的文字，可以進一步證明先秦文獻中的「蘭」確係蘭草，與今蘭無涉，且「幽蘭」亦是蘭草。要理解〈蘭賦〉的「幽蘭」主題，尚需結合《荀子·宥坐》、郭店簡〈窮達以時〉等文獻的相關內容。

　　「蘭」尤其是「幽蘭」是中國古典文學中的一個重要意象。然而，無論是在楚辭學界還是植物學界，有一個問題至今聚訟紛紜，未有定讞，那便是所謂古蘭〔註2〕與今蘭〔註3〕的關係，進而涉及到「幽蘭」的歸屬問題。由於先秦文獻中關於「蘭」的記述語焉不詳，學者們的思考角度不盡一致，各執一詞。在新的線索出現之前，這種僵持的局面很難改觀。

　　新近公佈的上博簡〈蘭賦〉則爲問題的解決提供了新的鑰節。整理者對主旨的理解並無大的問題，然具體內容仍有待勾稽。筆者認爲，〈蘭賦〉的一個重要價值是，其爲先秦的「蘭」提供了新的材料，有助於消弭相關爭論。〈蘭賦〉所涵攝的信息，能夠支撐古人的基本認識，即先秦的「蘭」與今蘭確非一物，所謂的「幽蘭」亦是如此。試爲之說，祈蒙方家教正。

---

〔註1〕　本篇作者爲陳民鎮。
〔註2〕　本文所指稱的「古蘭」，指先秦文獻中的「蘭」。
〔註3〕　即我們現在說的蘭花，又稱「國蘭」。

## 一、先秦文獻所見「蘭」的爭議

總體而言，先秦文獻中關於「蘭」的記述並不多，且主要集中於《楚辭》一書。據姜亮夫先生《楚辭通故》，《楚辭》一書「蘭」凡三十二見〔註4〕。據筆者統計，《楚辭》一書「蘭」字凡四十二見，《楚辭通故》存在筆誤。針對先秦典籍所載的「蘭」，古人的注疏幾乎一致認爲是一種「香草」，如《易‧繫辭上》：「同心之言，其臭如蘭。」虞翻云：「蘭，香草也。」再如《左傳》宣公三年：「初，鄭文公有賤妾曰燕姞，夢天使與己蘭。」〔註5〕杜注：「蘭，香草也。」《楚辭‧離騷》：「扈江離與辟芷兮，紉秋蘭以爲佩。」王逸注云：「蘭，香草也，草秋而芳。」《說文》的解釋亦同：「蘭，香艸也。」事實上，關於先秦文獻中的「蘭」，乃至漢晉時代詩賦作品中的「蘭」，古人的訓釋基本一致，即「蘭」是一種「香草」。

至於具體是何種香草，古人也給出了較爲具體的答案，即所謂的「蘭」是蘭草（即佩蘭，或曰大澤蘭）〔註6〕或近於蘭草的澤蘭〔註7〕。總之，與今天所見到的蘭科植物蘭花差距甚大。《詩經‧鄭風‧溱洧》云：「士與女，方秉蕑兮。」陸璣《毛詩草木鳥獸蟲魚疏》：「『蕑』即『蘭』，香草也。《春秋傳》曰：『刈蘭而卒。』《楚辭》曰：『紉秋蘭。』子曰：『蘭當爲王者香草。』皆是也。其莖葉似藥草澤蘭，但廣而長節，節中赤，高四五尺。漢諸池苑中及許昌宮中皆種之。可著粉中，故天子賜諸侯茝蘭，藏衣著書中，辟白魚也。」可以說，陸璣的這段解釋影響最爲深廣，鑒於其權威性，在很長一段時期內，學者對陸說深信不疑。陸璣謂「蘭」似澤蘭，則其非澤蘭。《漢書‧司馬相如傳》顏注：「蘭，即今澤蘭也。」則謂「蘭」即澤蘭。

---

〔註4〕 姜亮夫：《楚辭通故》第3輯，《姜亮夫全集（三）》，雲南人民出版社2002年版，第384頁。

〔註5〕 《史記‧鄭世家》云：「以夢告文公，文公幸之，而予之草蘭爲符。」「草蘭」一語值得重視。

〔註6〕 蘭草（Eupatorium fortunei Turcz），又名佩蘭、大澤蘭、雞骨香、水香、都梁香等，屬菊科植物。多年生草本，高40～100cm。莖直立，綠色或紅紫色。葉對生，採碎後有香氣。花淺紫紅色，花期7～11月。生長於河邊或野外的濕地。分布於河北、山東、江蘇、廣東、廣西、四川、貴州、雲南、浙江、福建等省區。

〔註7〕 澤蘭（Eupatorium japonicum Thunb），又名地瓜兒苗、地筍、銀條菜、蛇王草，唇形科植物。多年生草本，高0.3～1.2m。莖方形，常呈紫紅色，中空。葉對生，有短柄或玩柄。花小，白色，花期6～9月。生於山野低濕地、水邊。產全國大部地區。

此外，朱熹《楚辭集注》的解釋也具有代表性：

> 蘭，亦香草，至秋乃芳。《本草》云：「蘭，與澤蘭相似，生水
> 傍，紫莖赤節，高四五尺，綠葉光潤，尖長有歧……」

所附《楚辭辯證》云：

> 大抵古之所謂香草，必其花葉皆香，而燥濕不變，故可刈而爲
> 佩。若今之所謂蘭蕙，則其花雖香，而葉乃無氣，其香雖美，而質
> 弱易萎，皆非可刈而佩者也。其非古人所指甚明。但不知自何時而
> 誤耳。

在朱熹眼中，古蘭與今蘭的區別還是相當明晰的，然而他也不清楚何時致混〔註8〕。明代李時珍《本草綱目》則有進一步區分，尤其是對古人含混不清的佩蘭與澤蘭作了嚴格的區別。

事實上，從陸璣到李時珍，古人對古蘭的認識基本上是清晰有序的（在唐宋以前基本無疑義）。尤其是漢晉經師的解釋，由於去古未遠，可信度是相當大的。古人的認識基本一致，幾無異辭，除非有確鑿的證據，否則難以推翻他們的觀點。然而，由於所謂的古蘭與今蘭差距過大，不少鍾情蘭文化的學者便力圖推翻舊說，以拉長今蘭培植、欣賞的歷史。這種觀點，如今得到愈來愈多學者的認同〔註9〕。

當然，仍有不少植物學家或研治蘭文化的學者篤信舊說，堅持古人的看法是有根據的。如著名蘭學專家吳應祥、陳心啓等先生的論著便採用舊說〔註10〕。

事實上，力圖推翻舊說的學者，均無法從根本上確立古蘭與今蘭無二的認識。尤其是先秦典籍中的「蘭」，他們均無法給出真正合理的解釋。由於先秦典籍中關於「蘭」的記敘語焉不詳，留下了較大想像的餘地──這也是有

〔註8〕　吳應祥先生指出：「唐代以前的『蘭』『蕙』均不是今日蘭科的植物，何時以
　　　　今蘭代替『古蘭』，尚不清楚，或以爲在唐末或五代。」參見氏著《中國蘭花》，
　　　　中國林業出版社 1993 年版，第 2 頁。
〔註9〕　楊滌清：〈《楚辭》蘭蕙考〉，《蘭》1994 年第 2 期；伍尚忠、何清正：〈中國蘭
　　　　花歷史疏辯〉，《中國蘭花信息》第 19 期，1992 年 1 月；陳彤彥：《中國蘭文
　　　　化探源》，雲南科學技術出版社 2004 年版；馬性遠、馬揚塵：《中國蘭文化》，
　　　　中國林業出版社 2008 年版；李正宣：〈從先秦文獻所記之「蘭」看古蘭的植
　　　　物屬性〉，《文史雜誌》2011 年第 2 期。以上但舉其要。
〔註10〕　吳應祥：《蘭花》，中國林業出版社 1980 年版；吳應祥：《中國蘭花》，中國林
　　　　業出版社 1993 年版；陳心啓：〈中國蘭史考辯──春秋至宋朝〉，《武漢植物學
　　　　研究》1988 年第 1 期。

關爭議的根本原因。儘管如此，先秦典籍中關於「蘭」的記述，對古蘭異於今蘭的說法而言是相對有利的，也是力圖推翻該說的學者難以給出合理解釋的。試舉其要：

其一，蘭草生長於河畔或野外濕地，先秦兩漢的文獻中便多有「蘭」生長於水澤附近的記載。《楚辭・九歌・湘夫人》：「沅有茝兮醴（澧）有蘭，思公子兮未敢言。」王逸注云：「言沅水之中有盛茂之茝，澧水之內有芬芳之蘭。」《楚辭・離騷》：「步余馬於蘭皋兮，馳椒丘且焉止息。」王逸注云：「澤曲曰皋，《詩》云：『鶴鳴于九皋。』」《楚辭・九歎・惜賢》云：「遊蘭皋與蕙林兮，睨玉石之嵾嵯。」「皋」，指水邊地或沼澤。《左傳》襄公二十五年杜注云：「隰皋，水岸下濕，爲芻牧之地。」《詩經・小雅・鶴鳴》毛傳：「皋，澤也。」《廣雅・釋地》：「皋，沼池也。」近於「蘭皋」者，尚有「蘭渚」。《文選・左思〈魏都賦〉》：「蘭渚莓莓。」劉良注：「曲池植蘭曰蘭渚。」另有「蘭甸」。《文選・顏延年〈應詔讌曲水作詩〉》：「幕帷蘭甸。」李善注：「蘭甸，蘭生於甸，猶蘭皋也。」另有「蘭澤」，見於枚乘〈七發〉。

其二，《楚辭・九歌・少司命》云：「秋蘭兮青青，綠葉兮紫莖。」所謂「秋蘭」、「紫莖」，均能符合蘭草的特徵，對於今蘭則是相對不利的。

其三，《楚辭・離騷》云：「余既滋蘭之九畹兮，又樹蕙之百畝。」王逸注云：「十二畝爲畹，或曰田之長爲畹也。」據銀雀山漢墓《孫子兵法》，半畝爲畹。無論如何，如此廣袤的種植面積（即便是誇張的手法），對今蘭而言是不盡現實的（野生蘭花繁殖能力極差），蘭草則不存在這一問題。

其四，從「蘭」的用途看，可以佩帶，《楚辭・離騷》：「紉秋蘭以爲佩。」或爲「藉」，《楚辭・九歌・東皇太一》：「蕙肴蒸兮蘭藉，奠桂酒兮椒漿。」或爲「湯」，《楚辭・九歌・雲中君》：「浴蘭湯兮沐芳，華采衣兮若英。」《韓非子・內儲說下六微》：「一曰浴以蘭湯。」或爲「蘭膏」，《楚辭・招魂》：「蘭膏明燭，華容備些。……蘭膏明燭，華鐙錯些。」這些用途對於蘭草而言也是相對有利的。

其五，從先秦典籍看，人們對「蘭」之珍視，南北皆同。今蘭分佈偏南，如果兩周之際的氣溫不足以使今蘭廣佈於華夏大地，那麼對於古蘭即今蘭說也是不利的。

以上所陳，只是指出先秦兩漢文獻中關於「蘭」的描寫相對有利於舊說，並不能論定。故此，問題的真正解決尚端賴於新材料的出現，上博簡〈蘭賦〉

的公佈正提供了這樣的契機。

　　持今蘭同於古蘭說的學者，認為蘭草的香氣無法與今蘭相比，且文獻見及「蘭」居深林，與今蘭相合。對於這兩方面的質疑，筆者認為〈蘭賦〉給出了更明確的答案，容下文詳論。

　　總之，今蘭與古蘭無二的觀點，既不能有力推翻舊說，也不能為新說提供明確的支持。由於先秦典籍中關於「蘭」的記敘畢竟信息量有限，故有關爭議一直未能消弭，甚至有愈演愈烈的趨勢。

　　事實上，除了古蘭異於今蘭、今蘭與古蘭無二兩種看法，學術界尚有另一種看法，即先秦時期古蘭與今蘭並存，《楚辭》中的「蘭」一般指蘭草，但「幽蘭」則指今天的蘭花。這種看法，得到了楚辭學者姜亮夫、張崇琛、周建忠等先生的認同。姜亮夫先生《楚辭通故》指出：「今謂幽蘭當是六朝宋人至李時珍所定之蘭花，與澤蘭、蘭蕙等之為蘭草者異。」〔註11〕張崇琛先生的看法近同〔註12〕。周建忠先生對「蘭」包括《楚辭》中的「蘭」有深入研究。周先生通過文獻的爬梳與植物學的梳理，在指出《楚辭》中一般所說的「蘭」指蘭草的同時，還強調「孔子所歎、屈子所佩、曹植所詠，皆為一物，即『幽蘭』，即現代意義上的蘭科植物『蘭花』」的結論〔註13〕。事實上，此說在宋人羅願的《爾雅翼》、明人王象晉《群芳譜》、明人方以智《通雅》等論著中便已出現〔註14〕。

　　將「幽蘭」視作蘭花，跟作為蘭草的「蘭」區別開來，看似很有道理，但持此說的學者並沒有提出有力的證據，也沒有真正究明「幽蘭」的涵義。筆者認為，要釐清先秦文獻中的「蘭」，「幽蘭」是其中的關鍵一環。只要將「幽蘭」的問題解決了，剩下的疑題也便能迎刃而解。由於過去先秦文獻中關於「幽蘭」的記敘過少，使得有關爭議長期擱置。而〈蘭賦〉則提供了新的線索，它能在一定程度上證明，所謂的「幽蘭」與「蘭」並無不同，均指

〔註11〕姜亮夫：《楚辭通故》第 3 輯，《姜亮夫全集（三）》，雲南人民出版社 2002 年版，第 396 頁。

〔註12〕張崇琛：〈楚辭之「蘭」辨析〉，《蘭州大學學報》（社會科學版）1993 年第 2 期。

〔註13〕周建忠：〈猗猗九畹易消歇　奕奕百畝多淹留──蘭花栽種歷史考述兼釋《楚辭》之「蘭」〉，《東南文化》2000 年第 9 期；《蘭文化》，中國農業出版社 2001 年版，第 46 頁。

〔註14〕周建忠：〈猗猗九畹易消歇　奕奕百畝多淹留──蘭花栽種歷史考述兼釋《楚辭》之「蘭」〉，《東南文化》2000 年第 9 期。

涉蘭草——這是本文討論的重點。

　　需要說明的是，承認古蘭與今蘭不同，並不意味著先秦沒有今蘭，更不意味著先秦沒有蘭科植物。《詩經・陳風・防有鵲巢》云：「中唐有甓，邛有旨鷊。誰侜予美？心焉惕惕。」毛傳云：「鷊，綬草也。」《毛詩草木鳥獸蟲魚疏》：「鷊，五色作綬文，故曰綬草。」綬草是蘭科植物，一般認爲這是文獻首次出現蘭科植物。而本文的討論主要基於先秦及稍後的文獻，這是因爲從漢代開始，可能已經出現將今蘭移植到「蘭」身上的現象，這已經不在我們的討論範圍之內。目前學術界普遍公認的事實是，至遲在唐代，已經出現關於今蘭的記述，並栽植今蘭。至於此前的情形，尚存爭議。尤其是先秦文獻所見「蘭」的問題，是爭議的焦點。故廓清先秦文獻中「蘭」的迷霧，能起到正本清源的功效，這也是本文的主要目的之一。

## 二、〈蘭賦〉的內容及「幽蘭」主題

　　所謂的〈蘭賦〉原無篇題，整理者指出屬賦體，擬題作〈蘭賦〉。整理者指出，本篇共有簡 5 支，除第 5 支簡外，均有殘損。完簡長度約 53 釐米，書寫字數爲 48 字左右，全篇共計 160 字。編繩 3 道。該篇與〈桐頌（李頌）〉同抄。由於簡有殘缺，詩的全貌難以盡窺，除了第 4、第 5 號簡可以貫通，其他三支簡的次序尚難完全確定。暫從整理者的編聯方案。在整理者及其他學者研究的基礎上，筆者就釋文作了重新擬定，茲示列筆者所擬寬式釋文如下〔註15〕：

　　　　……旱，雨露不降矣。日月失時，稊稗茂豐。決去選物，宅在幽中。【1】……旱其不雨兮，潝（？）而不洞。備修庶戒，逢時爲作。緩哉蘭兮！……搖落而猶不失厥芳，芳盈苾（？）彌（？）而達聞于四方。處宅幽麓，【2】……殘賊。螻蟻虵蛇，親眾秉志。遠遠行道，不窮（？）有折，蘭斯秉德，既【3】……年前其約儉，美後其不長。如蘭之不芳，信蘭其沫也。風旱【4】之不亡，天道其越也。稊稗之方起，夫亦適其歲也。

　　　　蘭有異物：容則簡逸而莫之能效矣，身體重（？）靜（？）而目耳勞矣，處（？）位懷（？）下而比擬高矣。【5】

---

〔註15〕爲便行文，本文所引出土文獻儘量用寬式釋文。

綜合全篇的內容看，〈蘭賦〉所歌詠的對象，是居處「幽麓」或「幽中」的「蘭」。整理者指出：

> 「菜」，即「蘭」字異構。「蘭」從「闌」聲，而「闌」從「柬」得聲，故可省。……
>
> 《說文》：「蘭，香草也。」古書稱「蘭」多指蘭草、澤蘭，屬菊科，多年生草木，有香氣，秋末開花，與今蘭（即春蘭）不是同一種植物。……按《楚辭》「蘭」字凡三十二見，又多與蕙、芷、椒等芳草連文，其為芳草無疑（參看姜亮夫《楚辭通故》）。簡文之「蘭」亦指芳草。〔註16〕

可見，整理者也是認同古蘭異於今蘭的說法的。針對簡文的「凥宅幽麓」一語，整理者指出：

> 「凥宅幽麓」，猶《楚辭・九章・涉江》謂「幽獨處乎山中」，簡文此處是指蘭草生長在深山。按《楚辭・九章・悲回風》：「蘭茝幽而獨芳。」故屈原稱之為「幽蘭」，如《楚辭・離騷》「結幽蘭而延佇」、「謂幽蘭其不可佩」。〔註17〕

按照整理者的理解，所謂「幽蘭」實際上是生長在幽麓的「蘭」。筆者認為整理者的認識是極有見地的。此前學者對「幽蘭」的認識多存在偏差，尤其是將「幽蘭」與「蘭」區別開來，實際上割裂了二者的天然聯繫。事實上，「幽蘭」仍是「蘭」，只不過人們將居於幽僻處的「蘭」稱作「幽蘭」。在此，有必要對「幽蘭」的涵義作一番澄清。

《楚辭》中「幽蘭」凡兩見，均見〈離騷〉：

> 時曖曖其將罷兮，結幽蘭而延佇。
>
> 戶服艾以盈要兮，謂幽蘭其不可佩。

從〈離騷〉的句子看，「幽蘭」仍應是可以佩帶的，且是可以「結」的。楚辭學界對「幽蘭」的關注並不多，或許對其把握不定，或許認為「幽蘭」其義甚顯，鮮有觸及者。洪興祖《楚辭補注》引劉次莊語：「蘭喻君子，言其處於深林幽澗之中，而芬芳郁烈之不可掩，故《楚辭》云云。」劉次莊語可謂精當。此外，蔣天樞先生指出：「幽，隱也。幽蘭，喻幽隱芬芳之事物。」

---

〔註16〕馬承源主編：《上海博物館藏戰國楚竹書（八）》，上海古籍出版社 2011 年版，第 256 頁。

〔註17〕同上，第 259 頁。

〔註18〕另外一種觀點便是認為「幽蘭」即今蘭，以姜亮夫、周建忠等先生為代表。這就涉及到「幽蘭」是一個固定的名詞，還是偏正短語的問題。

我們不妨先來看〈離騷〉的一句話：「扈江離與辟芷兮，紉秋蘭以為佩。」所謂「芷」，又作「茝」，是每每與「蘭」相提並論的香草。「辟」通「僻」，王逸注云：「辟，幽也，芷幽而香芳也。」準此，「辟芷」與「幽蘭」是同樣的結構，即「辟」與「幽」義同，均指幽僻、幽深，形容蘭、芷。《楚辭・九章・悲回風》：「故荼薺而不同畝兮，蘭茝幽而獨芳。」《楚辭・七諫・沈江》：「明法令而修理兮，蘭芷幽而有芳。」亦可窺及「幽」之意涵。張衡〈怨篇〉寫到「猗猗秋蘭」時，說「雖曰幽深，厥美彌嘉」。可以參看。曹植〈七啟八首（並序）〉云：「薰以幽若，流芳肆布。」所謂「幽若」，猶「蘭」之言「幽蘭」。

「幽蘭」一語，後世詩賦多見。如著名的曹植〈洛神賦〉，便言及「微幽蘭之芳藹兮，步踟躕於山隅」、「含辭未吐，氣若幽蘭」。張衡〈思玄賦〉云：「纚幽蘭之秋華兮，又綴之以江離。」謂幽蘭秋季開花，當指蘭草。在後世的詩文中，說到「蘭」便往往以「幽」修飾，乃至以「幽色」、「幽客」代指蘭。儘管後世的「蘭」與古蘭已有差別，儘管這些詩文中的「幽」與先秦時期「幽蘭」之「幽」不盡一致。

可見，所謂的「幽蘭」仍是指「蘭」，「幽」是修飾語，「幽蘭」是居於幽僻之處的蘭草。〈蘭賦〉所歌詠的，正是居於「幽麓」或「幽中」的蘭，這實際上為我們看待〈離騷〉的「幽蘭」提供了更為直接的線索。整理者指出，「尻宅幽麓」，猶《楚辭・九章・涉江》謂「幽獨處乎山中」，甚是。筆者以為，〈蘭賦〉的主題，正是「幽蘭」。而〈蘭賦〉對「蘭」的描寫，當指作為香草的蘭草。

## 三、〈蘭賦〉與「幽蘭」之香及生長之所

古蘭作為香草，其最重要的特點在於其「香」。〈蘭賦〉中「緩哉蘭兮！……搖落而猶不失厥芳，芳盈茇（？）彌（？）而達聞于四方」與「如蘭之不芳，信蘭其沫也」兩句，便涉及「蘭」之香。關於這兩句，學者多有討論，歧義迭出，未有定讞。這兩句均在描述蘭之香，且均可在今本《楚辭》中找到證據。此前論者所言多有未逮，在本書上編《集釋》中，筆者結合《楚辭》的線索就釋字與文義重作討論。而如若進一步理解文義，便需要結合蘭草的特

〔註18〕蔣天樞：《楚辭校釋》，上海古籍出版社 1989 年版，第 44 頁。

徵。筆者以爲，這兩句記述，在某種程度上可以支撐古蘭即蘭草的說法。

「……搖落而猶不失厥芳」，缺文整理者補「華」字，雖然字數估計恐不確當，但其思路則是可從的。總之，這一句是指蘭的花朵凋落，仍不失去其芬芳。蘭之芬芳不獨在花，故有此說。蘭草之香，除了其花，更在其葉，即朱熹《楚辭辯證》所說「必其花葉皆香」，而今蘭「其花雖香，而葉乃無氣」。將蘭草的葉子揉碎，自有其香，故古人將蘭草佩於身上，即屈原所謂「紉秋蘭以爲佩」。如果「蘭」是今蘭，這一句的意涵恐怕便難以理解了。

再看「芳盈苾（？）彌（？）而達聞于四方」，當指一大片叢生的蘭草發出濃郁的芬芳，正如前文所說，《楚辭·離騷》「余既滋蘭之九畹兮」放在蘭草身上纔更近現實。《楚辭·招魂》云：「光風轉蕙，氾崇蘭些。」關於「崇蘭」，蔣天樞先生有很好的論述：「《廣雅·釋詁三》：『崇，聚也。』王念孫曰：『崇蘭猶叢蘭。』言故居形勢既勝，仰觀則層臺累榭，麗飾生輝，俯視則川谿縱橫，蕙蘭蔽野，麗日和風下聚蘭搖動若汎汎之波也。」馬其昶、湯炳正等先生持論並同〔註19〕。準此，所謂「崇蘭」，即「叢蘭」。《文子·上德》云：「叢蘭欲脩，秋風敗之。」〔註20〕《周禮·地官·大司徒》：「（原隰）其植物宜叢物。」可以參看。「蘭」能以「叢」形容，也是符合蘭草特徵的。對於今蘭，則是不盡現實的。當然，這並不是說今蘭不能大面積培植，在野生狀態下，繁殖能力較差的今蘭恐怕是難以形成如此壯觀的場面的。參看蔣天樞先生的論述，便不難理解「緩哉蘭兮！……搖落而猶不失厥芳，芳盈苾（？）彌（？）而達聞于四方」全句的意境了。

「如蘭之不芳，信蘭其沬也」一句〔註21〕，事實上在強調蘭草作爲香草的品格。蘭一旦失去芬芳，蘭便確實終止其使命了，亦即芬芳是與蘭的生命相始終的。〈離騷〉「蘭芷變而不芳兮」，可以參看。

從〈蘭賦〉對「蘭」之香氣的描述看，篇中的「蘭」更有可能是蘭草，而非今蘭。

〈蘭賦〉對「幽蘭」的生長場所有許多描述，如「決去選物，宅在幽中」、「……旱其不雨兮，湫（？）而不涸」、「處宅幽麓」、「逴遠行道，不窮（？）

〔註19〕參見崔富章、李大明主編《楚辭集校集釋》，湖北教育出版社 2003 年版，第2174 頁。
〔註20〕《淮南子·說林訓》作：「蘭芷欲脩，而秋風敗之。」
〔註21〕參見拙作〈上博簡〈蘭賦〉與《楚辭》所見「未沬（沫）」合證〉，《職大學報》2013 年第 2 期。

有折，蘭斯秉德」，具體釋讀已詳上編《集釋》的討論，這些記述不但能澄清何爲「幽蘭」，更爲古蘭是蘭草的看法提供了較爲直接的依據。

通過〈蘭賦〉的鋪敘，我們可以看出篇中的蘭所居之處是「幽中」或者說「幽麓」。據簡文，這是蘭自身的選擇，這與蘭草怕旱有關。因爲蘭草怕旱，而天旱不雨，故選擇避居幽谷。且該篇強調蘭所居之處「違遠行道，不窮（？）有折」，極言其幽僻。「幽」者，深也。蘭所居「幽中」或「幽麓」，相當於幽谷或深谷。對於幽蘭所居，文獻中又有「隱谷」、「深林」、「幽宮」、「深山」等說法，其義近同。在後世的詩文中，則多用「幽谷」、「空谷」。「谷」通常指兩山之間狹長而有出口的地帶，通常有水流過，人們也將流經山谷的水稱作「谷」。所謂「幽澗」，通常也指此。

「旱其不雨兮，湫（？）而不涸」一句，更顯關鍵。聯繫到下句「備修庶戒，逢時焉作」，可知該句當指蘭之所居。天旱不雨，蘭之所居低濕而不乾涸，實際上是說蘭生長在水澤畔。聯繫到「幽中」、「幽麓」或「幽谷」，我們不難理解篇中的蘭生長於幽谷中低濕的水澤畔。準此，〈蘭賦〉所敘之「蘭」，更有可能是生長在水澤畔的蘭草。

過去之所以多將幽蘭視作今蘭，主要是有記載表明它生長於「深林」。今〈蘭賦〉的出現，使我們得以進一步明確幽蘭所生長的處所。至於將蘭與「螻蟻虺蛇」對舉，也可聯繫到蘭草辟邪辟蟲的特性。

通過對簡文的梳理，我們可知〈蘭賦〉所敘幽蘭當是幽谷水澤畔的蘭草，這也進一步證明，先秦文獻中的「蘭」確係蘭草，且所謂的「幽蘭」也是指蘭草。

## 四、〈蘭賦〉與「幽蘭」意象的隱喻

〈蘭賦〉所謂「蘭斯秉德」，蘭所秉之「德」，在全篇最後一句對蘭「異物」的強調中已經透露：

> 蘭有異物：容則簡逸而莫之能效矣，身體重（？）靜（？）而
> 目耳勞矣，處（？）位懷（？）下而比擬高矣。

這三句具有評論性質，強調蘭的卓異品質。具體釋讀已詳上編《集釋》。經過前文的鋪敘，作者在文末拋出這總結性的三句話，起到了畫龍點睛的作用。這三句話，第一句寫蘭之豐姿，第二句寫蘭之境界，第三句寫蘭之追求，句句具有擬人意味。作者在歌頌蘭的同時，也在描繪道德理想的圖景。此外，〈蘭

賦〉諸如「決去選物，宅在幽中」、「備修庶戒，逢時焉作」、「逴遠行道，不窮（？）有折，蘭斯秉德」的表述，均有擬人化的傾向。作者筆下的「蘭」，已不是單純的植物學意義上的「蘭」，而顯然寄託著作者之「志」。

整理者指出本篇「以『蘭』起興，託物言志，借蘭之品德而抒發作者的情感與志向。……此實爲作者借物喻己，即《史記・屈原賈生列傳》所謂：『其志潔，故其稱物芳。』對『蘭』之讚賞，實不亞於屈原之〈離騷〉。」整理者的理解大抵得之，然尚有進一步深求的必要。

說到「幽蘭」，我們不難想到相傳是孔子所作的〈猗蘭操（幽蘭操）〉。《樂府詩集・琴曲歌辭二》載：

> 一曰〈幽蘭操〉。《古今樂錄》曰：「孔子自衛反魯，見香蘭而作此歌。」〈琴操〉曰：「〈猗蘭操〉，孔子所作。孔子歷聘諸侯，諸侯莫能任。自衛反魯，隱谷之中，見香蘭獨茂，喟然歎曰：『蘭當爲王者香，今乃獨茂，與眾草爲伍。』乃止車，援琴鼓之，自傷不逢時，託辭於香蘭云。」《琴集》曰：「〈幽蘭操〉，孔子所作也。」

《藝文類聚》卷八一、《太平御覽》卷九百八十三所引〈琴操〉所敘殆同。《樂府詩集》所載歌辭曰：

> 習習谷風，以陰以雨。之子于歸，遠送于野。何彼蒼天，不得其所。逍遙九州，無所定處。時人暗蔽，不知賢者。年紀逝邁，一身將老。

歌辭多襲用《詩經》語，不可盡信。不過〈琴操〉所記故事當有依據，類似的故事在其他典籍中也一再出現。如《荀子・宥坐》載：

> 孔子南適楚，戹於陳、蔡之間，七日不火食，藜羹不糝，弟子皆有饑色。子路進而問之曰：「由聞之：爲善者天報之以福，爲不善者天報之以禍。今夫子累德、積義、懷美，行之日久矣，奚居之隱也？」孔子曰：「由不識，吾語女。女以知者爲必用邪？王子比干不見剖心乎！女以忠者爲必用邪？關龍逢不見刑乎！女以諫者爲必用邪？吳子胥不磔姑蘇東門外乎！夫遇不遇者，時也；賢不肖者，材也。君子博學深謀不遇時者多矣。
>
> 由是觀之，不遇世者眾矣，何獨丘也哉！且夫芷蘭生於深林，非以無人而不芳。君子之學，非爲通也；爲窮而不困，憂而意不衰也，知禍福終始而心不惑也。夫賢不肖者，材也；爲不爲者，人也；

遇不遇者，時也；死生者，命也。今有其人不遇其時，雖賢，其能
行乎？苟遇其時，何難之有！故君子博學、深謀、修身、端行以俟
其時。」孔子曰：「由！居！吾語女。昔晉公子重耳霸心生於曹，越
王句踐霸心生於會稽，齊桓公小白霸心生於莒。故居不隱者思不遠，
身不佚者志不廣。女庸安知吾不得之桑落之下！」

這段記述敘及孔子遭厄之際，向弟子講述比干、關龍逄、伍子胥、重耳、勾
踐、齊桓公的事跡，來說明「君子博學深謀不遇時者多矣」、「故君子博學、
深謀、修身、端行以俟其時」、「故居不隱者思不遠，身不佚者志不廣」的道
理。《孔子家語・在厄》、《說苑・雜言》等書所記大抵一致。「君子」懷德、
懷才，但是否聞達，尚有時機的因素。儘管暫時不能顯達，也仍要修身端行，
堅守自己的初衷，等待時機。而經過蟄伏與等待，經過修煉自身與積蓄力量，
心志將更爲強大。這與《孟子・盡心上》「窮則獨善其身，達則兼善天下」的
思想也是一致的。孔子以「芷蘭生於深林，非以無人而不芳」相比況，可謂
至當。類似的記述還有《韓詩外傳》卷七：「夫蘭茝生於茂林之中，深山之間，
不爲人莫見之故不芬。」《文子・上德》：「蘭芷不爲莫服而不芳。」《淮南子・
說山訓》：「蘭生幽谷，不爲莫服而不芳。」《說苑・雜言》：「芝蘭生深林，非
爲無人而不香。」洪興祖《楚辭補注》引黃魯直《蘭說》：「蘭生深山叢薄之
中，不爲無人而不芳，含香體潔，平居與蕭艾同生而不殊。清風過之，其香
藹然，在室滿室，在堂滿堂，所謂含章以時發者也。」均可參看。

除了以上傳世文獻的記載，郭店簡〈窮達以時〉也有類似記述，以下是
在參覈諸家說法的基礎上所擬的寬式釋文：

有天有人，天人有分。察天人之分，而知所行矣。有其人，亡
其世，雖賢弗行矣。苟有其世，何難之有哉？舜耕於歷山，陶拍於
河浦，立而爲天子，遇堯也。咎繇衣枲褐，帽絰蒙巾，釋板築而佐
天子，遇武丁也。呂望爲臧棘津，守監門棘地，行年七十而屠牛於
朝歌，舉而爲天子師，遇周文也。管夷吾拘囚桎縛，釋械柙而爲諸
侯相，遇齊桓也。孫叔三舍期思少司馬，出而爲令尹，遇楚莊也。
百里轉鬻五羊，爲伯牧牛，釋鞭枚而爲軍卿，遇秦穆。

善否，己也。窮達以時，德行一也。譽毀在旁，聖之弋母之白。
初醓醓，後名揚，非其德加。子胥前多功，後戮死，非其智衰也。
驥約常山，騹穴於阜棘，非亡體壯也。窮四海，至千里，遇造故也。

遇不遇，天也。動非爲達也，故窮而不□□□爲名也，故莫之知而
不慍。芑□□□□□□□□□嗅而不芳。璵璐瑾瑜包山石，不爲□
□□□不理。窮達以時，幽明不再，故君子惇於反己。

這段論述反映了儒家的天道觀。雖然沒有託於孔子故事，但〈窮達以時〉的
記載與《荀子·宥坐》等文獻在基本思想上可謂如出一轍，同樣在論述「窮」
與「達」的辯證關係，同樣在強調「時」的意義。其中「芑□□□□□□
□□嗅而不芳」一句，論者多據傳世文獻補足缺字〔註22〕。「芑」可通「芷」
或「茝」，在《楚辭》中，「芷（茝）」與「蘭」每相提並論。雖然簡文殘泐，
沒有出現「蘭」字，但顯然「嗅而不芳」說的正是芷蘭。信陽一號墓簡24提
及「□猷（猶）芑萊（蘭）與（歟）」亦可參看。

　　當我們回過頭來看〈蘭賦〉的內容，不難看出其詩旨實與《荀子·宥坐》、
〈窮達以時〉等記載所涵攝的思想一脈相承。〈蘭賦〉所記「……旱，雨露不
降矣。日月失時，稊稗茂豐」、「……旱其不雨兮，潎（？）而不涸」、「風旱
之不亡，天道其越也」極言自然條件的惡劣，「決去選物，宅在幽中」、「處宅
幽麓」說明蘭處幽谷，「遑遠行道，不窮（？）有折，蘭斯秉德」則說明蘭在
幽僻、惡劣的環境下堅守自己的「德」。所謂「備修庶戒，逢時爲作」，正是
強調蘭等待時機。「逢時」二字可與《荀子·宥坐》的「遇時」、〈琴操〉的「逢
時」合觀，《荀子·宥坐》「故君子博學、深謀、修身、端行以俟其時」可視
作其注腳。而「……搖落而猶不失厥芳，芳盈苙（？）彌（？）而達聞于四
方」則是「芷蘭生於深林，非以無人而不芳」的寫照。至於「處（？）位懷
（？）下而比擬高矣」，則可與《荀子·宥坐》「故居不隱者思不遠，身不佚
者志不廣」相參驗。準此，我們便不難理解〈蘭賦〉作者之「志」，也便不難
理解何以〈蘭賦〉有擬人化的傾向了。

　　可見，〈蘭賦〉並非簡單的詠蘭之作，而是有明顯寄託的辭賦。作者有意
通過對比，強化蘭之品格：以天氣大旱爲背景，強調環境惡劣，以烘託蘭生
存之艱辛、品性之堅貞；將稊稗這種在大旱時節繁茂的植物作爲反面意象與
蘭作對比，以襯托蘭的卓爾不群〔註23〕；以螻蟻虺蛇作爲反面意象，與蘭作

---

〔註22〕李零先生補作「蘭生於幽谷，非以無人」，陳劍先生補作「蘭生於深林，不以
　　　　無人」。
〔註23〕「稊稗」，簡文寫作「莄（茣）薜」。「薜」，在《爾雅·釋草》中凡五見，訓
　　　　釋不同。這裏「茣」、「薜」並不能像整理者那樣解釋作兩種植物，更不能理
　　　　解作香草。綜觀全篇，「茣薜」當是與蘭對立的意象。孟蓬生先生讀作「稊稗」，
　　　　甚是，係在乾旱季節瘋長的「穢草」。

對比，反映蘭性喜幽靜。通過這幾組對比關係，蘭的形象得以昇華。其中稊稗、螻蟻、虺蛇作爲惡草、穢物之類的反面意象，當象徵與賢人相對的小人。《楚辭‧九思‧遭厄》：「眾穢盛兮沓沓。」可以參看。

反觀今本《楚辭》，〈九章‧悲回風〉有「故荼薺而不同畝兮，蘭苣幽而獨芳」的文字，王逸注云：「以言賢人雖居深山，不失其忠正之行。」同樣在強調蘭「非以無人而不芳」的品質。此外，〈離騷〉云：「余既滋蘭之九畹兮，又樹蕙之百畝。」王逸注云：「言己雖見放流，猶種蒔眾香，循行仁義，勤身勉力朝暮不倦也。」〈離騷〉：「時曖曖其將罷兮，結幽蘭而延佇。」王逸注云：「言世時世闇昧，無有明君。周行罷極，不遇賢士，故結芳草長立，有還意也。」〈離騷〉：「戶服艾以盈要兮，謂幽蘭其不可佩。」王逸注云：「言楚國戶服白蒿，滿其腰帶，以爲芬芳，反謂幽蘭臭惡，爲不可佩也。以言君親愛讒佞，憎遠忠直賢良而不肯近之也。」〈離騷〉：「蘭芷變而不芳兮，荃蕙化而爲茅。」王逸注云：「言蘭芷之草變易其體而不復香，荃蕙化而爲菅茅，失其本性也，以言君子更爲小人，忠信更爲佞僞也。」〈招魂〉：「結撰至思，蘭芳假些。」王逸注云：「蘭芳，以喻賢人也。言君能結撰博專至之心，以思賢人，賢人即自至也。」《七諫‧沈江》：「明法令而修理兮，蘭芷幽而有芳。」王逸注云：「言周家選取賢任能，士官得其人，法令修理，故幽隱之士皆有嘉名也。」可見，在屈原以及其他楚辭作者的筆下，每以「蘭（包括「幽蘭」）」譬喻賢人、君子，以寄託賢士不顯的感慨〔註24〕。〈離騷〉始終在呼喚「美政」，呼喚選賢任能、公平正義〔註25〕，「蘭」便成爲重要的意象。事實上，「蘭」尤其是「幽蘭」的這一層隱喻，在早於屈原的〈蘭賦〉中便已定型。古人佩蘭，也以蘭喻德〔註26〕，蘭之芳潔品質正是與「君子」的要求相一致的。

〈蘭賦〉表現出蘭「蘇世獨立」的氣質，這與同抄的〈桐頌（李頌）〉是一致的。〈桐頌（李頌）〉更多地表現梧桐的正面形象——它是萬眾矚目的焦點，而〈蘭賦〉中的蘭則是與稊稗、螻蟻、虺蛇對立的，凸顯其幽獨的一面。《楚辭》中，多有表現幽獨的思想。如《惜誦》：「矯茲媚以私處兮，願

〔註24〕 姜亮夫先生指出，《楚辭》中的「蘭」有八個義項，其中一個義項借喻楚之貴冑子弟。參見氏著《楚辭通故》第 3 輯，《姜亮夫全集（三）》，雲南人民出版社 2002 年版，第 390 頁。

〔註25〕 〈離騷〉：「舉賢才而授能兮，循繩墨而不頗。」〈涉江〉：「忠不必用兮，賢不必以。」《楚辭》一再呼喚人才選拔的公正。

〔註26〕 周建忠：〈「蘭意象」原型發微——兼釋《楚辭》用蘭意象〉，《東南文化》1999年第 1 期。

曾思而遠身。」〈涉江〉：「苟余心其端直兮，雖僻遠之何傷！」〈思美人〉中的句子值得注意：「命則處幽吾將罷兮，願及白日之未暮也。獨煢煢而南行兮，思彭咸之故也。」據林庚先生考證，身份撲朔迷離的「彭咸」，當與隱士有關〔註27〕。通過這些思想線索，可以爲屈原何以崇拜彭咸等問題提供思路。相關的詩句還有〈離騷〉：「雖不周於今之人兮，願依彭咸之遺則。」〈惜往日〉：「慙光景之誠信兮，身幽隱而備之。」〈悲回風〉：「獨隱伏而思慮。」〈遠遊〉：「離人群而遁逸。」

　　蘭的精神境界，不爲世俗所理解，這也是它與梧桐不同的地方。在《楚辭》中，亦多有詩句表現這一思想傾向。如〈涉江〉：「世溷濁而莫余知兮，吾方高馳而不顧。」〈懷沙〉：「文質疏內兮，衆不知余之異采。」〈卜居〉：「廉潔正直以自清。」〈漁父〉：「舉世皆濁我獨清，衆人皆醉我獨醒。」均可參看。

　　「幽蘭」中楚辭中的隱喻，亦爲後世詩文所繼承並有所發揮。宋代惠洪〈早春〉的「好在幽蘭徑，無人亦自芳」、蘇轍〈種蘭〉的「蘭生幽谷無人識」、曹組〈卜算子・蘭〉的「幽逕無人獨自芳」，元代揭傒斯〈秋蕙〉的「幽叢不盈尺，空谷爲誰」，明代張羽〈詠蘭花〉的「能白更兼黃，無人亦自芳」，清代玄燁〈詠幽蘭〉的「婀娜花姿碧葉長，風來難隱谷中香。不因紉取堪爲佩，縱使無人亦自芳」等詩詞，顯然沿用了「幽蘭」的原始寓意。儘管後世「蘭」的概念產生變化，但「蘭」與「幽」的密切聯繫，以及先秦時期便形成的關於「幽蘭」的隱喻，爲後世的文學創作所沿承，「幽蘭」也定格爲中國古典文學的重要意象。

---

〔註27〕 林庚：《詩人屈原及其作品研究》，《林庚楚辭研究兩種》，清華大學出版社2006年版，第72～78頁。

# 上博簡（八）楚辭類文獻虛詞研究 〔註1〕

**摘要：**上博簡第八冊包含四篇楚辭類文獻，本文對這批文獻的虛詞進行了綜合研究，同時與屈原賦的虛詞進行比較。這批文獻地域性明顯，且內容極富個性，具有重要價值。

《上海博物館藏戰國楚竹書》第八冊刊佈了四篇前所未見的楚辭類作品，分別是〈李頌〉、〈蘭賦〉、〈有皇將起〉、〈鶹鷅〉。這四篇楚辭類文獻，豐富了我們對楚辭的認識，同時也是研究楚地語言的重要材料。我們知道，與公文、遣策、卜筮簡等出土文獻相比，書籍類出土文獻的性質相對複雜，即便是楚簡，也未必代表楚地的語言特色。而這批楚辭類文獻則可以避免這一問題，它們是少有的較爲明確的楚地文獻，彌足珍貴。

此前雍宛苡先生發表〈《上海博物館藏戰國楚竹書（八）》虛詞初探〉一文，對上博簡第八冊的虛詞進行了初步探討。在上博簡第八冊公佈以來，學術界對其展開了熱烈的探討，修正了許多整理者的錯誤認識。遺憾的是，該文並沒有吸收這些新的成果，而是以整理者釋文爲準。如此一來，在分析虛詞的過程中出現不少失誤。另一方面，上博簡第八冊的內容並不是純粹的，如楚辭類文獻與其他幾篇文獻相比，時代、地域、文體均不盡一致。基於以上兩方面考慮，我們仍有進一步研究上博簡（八）楚辭類文獻虛詞的必要。

本文並不認同將副詞歸入虛詞，本文所討論的虛詞包括介詞、連詞、助詞、語氣詞、兼詞五類。筆者與陳民鎮在整理上博簡（八）楚辭類文獻集釋

---

〔註1〕 本篇作者爲鍾之順。

的基礎上，擬定了新的釋文，限於體例，與整理者釋文相異之處不一一注明。本文所引簡文俱用寬式，簡文後附篇章名及簡號。在研究上博簡（八）楚辭類文獻虛詞的同時，筆者也注意將其與傳世楚辭類文獻〔註2〕的虛詞進行比較。由於張玉金先生《出土戰國文獻虛詞研究》（人民出版社2011年版）一書已經就該書所能蒐集到的出土戰國文獻虛詞進行了窮盡性研究，且構建了相對新穎、科學、全面的體系，本文的研究主要參照該書的體系。

## 一、介　詞

介詞一般用在名詞或代詞之前，把名詞或代詞介紹給句中的謂詞。所構成的介賓短語（賓語有時可省略），位於謂語動詞之前或之後充當句子的狀語、補語，有時也可做定語。上博簡（八）楚辭類文獻中的介詞可分爲客事介詞、與事介詞、境事介詞、比事介詞四類，共出現於、于、爲、與$_1$、在、與$_2$6個介詞。

### （一）客事介詞

客事介詞是在句子中介引並顯化各種客事的介詞，可分爲受事、位事、使事、涉事等，句子中的客事一般都作賓語。上博簡（八）楚辭類文獻中共出現1個，即「於」，用作受事介詞。

#### 1. 於

介詞「於」在上博簡（八）楚辭類文獻中主要用作受事介詞，可譯爲「對」。共出現1例：

(1) 使遊於仁……（〈有皇將起〉簡1）

這種用法的「於」又見於《上博楚簡五·君子爲禮》：「君子爲禮，以依於仁。」張玉金（2011：73）認爲此處「於」爲受事介詞，其說可從。上引例（1），「於」的用法與此相同。《論語·述而》云：「子曰：『志於道，據於德，依於仁，游於藝。』」句中「於」的用法亦與簡文相同。

### （二）與事介詞

與事介詞是用來介引行爲動作的一定的針對對象或協同參與者，可分爲當事介詞和共事介詞兩類。上博簡（八）楚辭類文獻中共出現與事介詞2個，

---

〔註2〕 本文所指稱的「屈原賦」包括〈離騷〉、〈天問〉、〈九歌〉、〈九章〉、〈遠遊〉、〈卜居〉、〈漁父〉。

即「爲」、「與₂」。

## 2. 爲

在上博簡（八）楚辭類文獻中，「爲」用作當事介詞，用來介引行爲動作的針對對象，相當於「給」、「替」。共 1 例：

（2）可期成夫今分，能爲余拔楮柩今分。（〈有皇將起〉簡 1）

上引例（2），「爲」與「余」構成介賓短語作謂語動詞「拔」的狀語。據筆者統計，屈原賦中這種用法的「爲」出現 8 次，其中〈離騷〉出現 3 次，〈九歌〉2 次，〈九章〉1 次，〈遠遊〉2 次。

## 3. 與₁

介詞「與」最常見的一種用法就是作共事介詞，用來介引行爲動作的協同參與者。上博簡（八）楚辭類文獻中，「與」的這種用法共出現 2 例：

（3）違與它木，非與從風分。（〈李頌〉簡 2）

（4）慮余子其速長今分，能與余相助（？）今分。（〈有皇將起〉簡 1）

上引例（3），「與₁」作共事介詞，引進行爲動作協同參與者，可譯爲「跟」、「和」、「同」。其後省略了賓語，我們可以還原成「非與之從風分」，「之」代表上句的「它木」，「與之」構成介賓短語作狀語，修飾「從風」。有時「與₁」和它的賓語常出現在互向動詞之前，所謂互向動詞是指需要兩個參與者協同動作纔能完成某種動作行爲的動詞，如例（4）中的「相助（？）」。據筆者統計，這種用法的「與」在屈原賦中共出現 23 次。

雍宛苡（2012）將（4）的「與」理解作並列連詞，與筆者的理解不同。

## （三）境事介詞

境事介詞包括處所介詞和時間介詞，上博簡（八）楚辭類文獻中共出現 2 個，即「在」、「于」。

## 4. 在

介詞「在」在這裏用作處所介詞，引進動作行爲發生或持續的處所。它既可用在謂語前作狀語，也可用在謂語後作補語。上博簡（八）楚辭屬於後一種用法，共有 1 例：

（5）決去選物，宅在幽中。（〈蘭賦〉簡 1）

屈原賦中，介詞「在」共出現 5 次，均用作處所介詞，只見於〈天問〉與〈九

章〉。上引例（5），「在幽中」作謂語動詞「宅」的補語。屈原賦中處所介詞
「在」的用法亦是置於謂語之後，與處所名詞構成介賓短語作謂語的補語。
如〈九章・思美人〉：「竊快在中心兮，揚厥憑而不竢。」〈天問〉：「永遏在羽
山，夫何三年不施？」

5. 于

介詞「于」在上博簡（八）楚辭類文獻中主要用作處所介詞。共出現 1
例，如：

（6）芳盈蓏（？）彌（？）而達聞于四方。（〈蘭賦〉簡 2）

上引例（6），「于四方」作謂語動詞「達聞」的補語。「于」介詞詞組在句中
作謂語動詞的補語，這是它最常見的用法。

## （四）比事介詞

比事介詞用來介引與主事在某一或某些方面進行比較的事物。共出現 1
個，即「與₂」。

6. 與₂

比事介詞「與₂」在上博簡（八）楚辭類文獻中相當於「跟」、「同」、「和」。
共出現 1 例：

（7）違與它木，非與從風兮。（〈李頌〉簡 2）

上引例（7），「與₂」和名詞「它木」構成介賓短語，作為補語來修飾動詞「違」。
這裏表示的是桐樹（主事）跟它木（比事）在某方面不相同、不相類。如果
調整語序，將動詞與介賓短語調換位置即「與它木違」，句義不變。據筆者統
計，這種用法的「與」在屈原賦中共出現 5 次。

## 附表1 上博簡（八）楚辭類文獻的介詞

| 介　　詞 | | 於 | 為 | 與 | 在 | 于 | 合　計 |
|---|---|---|---|---|---|---|---|
| 客事介詞 | 受事 | 1 | | | | | 1 |
| 與事介詞 | 當事 | | 1 | | | | 1 |
| | 共事 | | | 2 | | | 2 |
| 境事介詞 | 處所 | | | | 1 | 1 | 2 |
| 比事介詞 | | | | 1 | | | 1 |
| 合　　計 | | 1 | 1 | 3 | 1 | 1 | 7 |

從上表可以看出，上博簡（八）楚辭類文獻中介詞出現不多。與今本《楚辭》相比，介詞出現少，且用法相對不夠豐富。其中，「于」、「於」各出現 1 次。據筆者統計，在屈原賦中，「于」出現 5 次，「於」出現 26 次。「於」多而「于」少，是符合戰國時期「于（於）」使用特點的。至於上博簡（八）楚辭類文獻，「于（於）」的材料並不充分，難以說明問題。在屈原賦中，介詞「于」、「於」、「乎」使用最多的是處所介詞用法。

## 二、連　詞

連詞，顧名思義，是用於連接詞、詞組、分句和句子，表示一定的語法關係的虛詞。不單獨做句子成分。它可以根據所連接的各部分之間的關係分為並列連詞、順承連詞、轉折連詞、假設連詞、目的連詞、因果連詞、方式狀態連詞等。上博簡（八）楚辭類文獻中共出現連詞有：而、則、斯、焉、其、與、是故、如、以。

### （一）順承連詞

順承連詞所連接的前後成分存在著時間上的先後關係或事理上的相承關係。上博簡（八）楚辭類文獻中的順承連詞有「而₁」、「則」、「斯」、「焉」、「其₁」5 個。它們或用在兩個或多個謂詞性詞語（包括動詞和形容詞）之間，或用在主語與謂語之間；既可用於單句，也可用於複句（多用在緊縮複句中）。

### 1. 而₁

上博簡（八）楚辭類文獻中的順承連詞「而」主要用於連接前後兩個動詞，有時也可以連接兩個分句。前後兩項所代表的動作前後相繼，或前一個動作行為是後一個動作行為的原因，後一個動作行為是前一個動作行為的結果，前後聯繫很緊密。可以譯為「就」、「便」、「然後」、「因而」等。共計 4 例：

　　（8）鳳鳥之所集，竢時而作今。（〈李頌〉簡 1）

　　（9）……自悔今今，有過而能改今今。（〈有皇將起〉2）

　　（10）芳盈苾（？）彌（？）而達聞于四方。（〈蘭賦〉簡 2）

　　（11）容則簡逸而莫之能效矣。（〈蘭賦〉簡 5）

上引例（8）、例（9）和例（10），「而₁」所連接的兩個謂詞語或詞組之間都為順承關係。所連接的都是兩個動詞，構成「動₁＋而＋動₂」這樣的結構，

動₁和動₂之間存在時間上的先後關係，二者不能互換。例（8），「而₁」連接「竢時」與「作」兩個動詞，這兩個動詞所代表的行為動作都是由同一個主語所代表的事物（即「鳳鳥」）所發出的，且兩個動作是前後相繼的。例（9），「有過」和「能改」在事理上是相承的關係，此「而₁」可譯為「便」。例（10）的「而」雍宛苡（2012）歸入轉折連詞，與筆者的理解不同，「達聞于四方」實際上是「芳盈苬（？）彌（？）」的結果。而例（11）是一個緊縮複句，且後一分句的賓語提前，其正常語序是「莫能效之矣」。這種現象也是古漢語中常見的語法現象，即在否定句中，代詞作賓語時，賓語往往提前。

### 2. 則

順承連詞「則」既可連接詞、短語、也可連接分句，可譯為「就」、「便」。在上博簡（八）楚辭類文獻中共出現1例，如

（12）人因其情則樂其事，遠其情。（〈李頌〉簡2）

上引例（12），「則」用在緊縮複句中，連接兩個分句。它所連接的後一分句「樂其事」是前一分句「人因其情」的結果。可以譯為「就」、「便」。據筆者統計，順承連詞「則」在屈原賦中出現3次。

按「則」在上博簡（八）楚辭類文獻中出現三例，另外兩例是否用作虛詞，爭議較大。其中一例為：「豈不偕生，則不同兮。」（〈李頌〉簡1背）整理者（2011）認為此「則」是副詞，「就」、「乃」的意思。雍宛苡（2012）則認為是順承連詞。上述整理者與雍宛苡（2012）的觀點都是值得商榷的。筆者認為，這裏的「則」不為虛詞，當為名詞。王寧（2011）認為：「則，法也，意思相當於現在的原則。」陳民鎮認為「則」不一定是虛詞，而可能是名詞，通常訓法、準、常﹝註3﹞。另外一例為：「容則簡逸而莫之能效矣。」（〈蘭賦〉簡5）「則」簡文寫作「惻」，對於該字的理解，學者也是眾說紛紜。整理者（2011）認為：「『惻』，讀為『則』，『惻』從『則』得聲，可通。……則，連詞。」雍宛苡（2012）也當作連詞解，析為轉折連詞。以上是為虛詞說。還有一些學者理解為實詞。如劉雲先生疑「蓉惻」應讀為「容姿」，「姿」意為「姿態」，認為「則」聲字與「次」聲字可以相通，將「惻」讀

---

﹝註3﹞ 本文所引陳氏觀點均見筆者與陳民鎮所輯《上博簡楚辭類文獻集釋》。本文的寫作亦與陳民鎮共同討論。

爲「姿」也是沒有問題的〔註4〕。黃浩波（2011）也主張將「蓉惻」讀爲「容則」，而把「則」訓爲「法則」、「法度」。不管是讀爲「姿」，還是訓爲「法度」、「法則」，都應是實詞，而非虛詞。

### 3. 斯

作爲順承連詞的「斯」，在上博簡（八）楚辭類文獻中主要用於連接主語和謂語，相當於「則」。共計2例：

（13）木斯獨生，榛棘之間兮。（〈李頌〉簡1）

（14）逴遠行道，不窮（？）有折，蘭斯秉德。（〈蘭賦〉簡3）

對於這種起連接作用的「斯」的詞性，學術界向有歧說，或認爲是代詞，或認爲是副詞，或認爲是連詞。對此，張玉金（2011：358）總結道：「這種起連接作用的『斯』雖然仍有一定的對上文的複指作用，但其主要作用是表示承接，所以還是看成連詞好一些。」筆者同意這一看法。「斯」在這裏也應爲連詞，表順承關係。楊樹達《詞詮》：「承接連詞，則也，乃也。」可以參看。

上引例（13）、例（14），「斯」用在主語與謂語之間，具有承接上文的作用。整理者（2011：261）認爲：「『斯』，虛詞，相當於『此』。……按《楚辭》『斯』字多見，皆用作虛詞，訓爲『此』，如〈卜居〉：『將送往勞來，斯無窮乎？』〈漁父〉：『子非三閭大夫與？何故至於斯？』均其例。」姜亮夫（2002：296）指出：「《楚辭》斯字八用皆一義。皆借爲語詞。……總八用言，皆可訓『此』。」查之屈原賦「斯」字用例，均爲明顯指代用法，與此不同。

### 4. 焉

連詞「焉」在簡文中寫作「安」。用在表示連續動作或相繼事件的詞組或分句之間，具有承上啓下的作用，可譯爲「於是」、「就」。該字在上博簡（八）楚辭類文獻中共出現1例：

（15）備修庶戒，逢時焉作。（〈蘭賦〉簡2）

關於例（15）中的「焉」字，整理者（2011：256）已指出：「焉，連詞，相當於『則』、『於是』。」整理者之說甚是。此處用作順承連詞，「逢時」和「作」是表示兩個連續動作的詞，在語法上是一種順承關係。

〔註4〕　參見劉雲先生在復旦吉大古文字專業研究生聯合讀書會〈上博八〈蘭賦〉校讀〉（復旦大學出土文獻與古文字研究中心網站，2011年7月17日）一文下的評論，2011年7月25日。

〈離騷〉中有兩句值得注意:「步余馬於蘭皋兮,馳椒丘且焉止息。」「皇天無私阿兮,覽民德焉錯輔。」「焉」出現在謂語中心詞之前,已經接近連詞用法。

5. 其₁

「其」的連詞用法在先秦文獻中比較少見,在屈原賦中則大量出現。上博簡(八)楚辭類文獻中也出現了用作連詞的「其」。

上博簡(八)楚辭類文獻中,「其」最多的是用作順承連詞。主要有兩種情況:其一,用於主謂之間;其二,用於狀中之間。可譯為「就」,共有 6 例。

首先是用於主語與謂語之間的「其」。共出現 4 例:

(16) 暐冬之祁寒,槀其方落兮。(〈李頌〉簡 1)

(17) 如蘭之不芳,信蘭其沬也。(〈蘭賦〉簡 4)

(18) 風旱之不亡,天道其越也。(〈蘭賦〉簡 4、5)

(19) 慮余子其速長今兮,能與余相助(?)今兮。(〈有皇將起〉簡 3、簡 1)

雍宛苡(2012)把以上用法歸入語氣助詞。上引例(19),主謂結構「余子其速長」充當了動詞謂語「慮」的賓語。

用於狀語與中心語之間的連詞「其」共出現 2 例:

(20) 年前其約儉,美後其不長。(〈蘭賦〉簡 4)

過去學者對《楚辭》所見「其」多有討論,包括胡小石《離騷文例》、張縱逸《屈原與楚辭》等論著均有涉及。薛恭穆(1980)將《楚辭》中大量的「其」、「而」、「之」等虛詞看成是附在形容詞、副詞後面的助詞。胡朝勳(1991)認為《楚辭》第四字位「其」字,大抵屬於先秦詩歌中用以舒緩語氣、諧和音律的語間助詞,並非詞綴。鑒於不少學者將此類「其」視作詞綴或助詞,熊焰(1997)強調它應該是先秦韻文的一種特殊用法,即代詞虛用。呂亞東(1985)對屈原賦中的「其」有細緻的劃分,他認為屈賦中的「其」用作連詞的所佔比例最大,有表示修飾、轉折、因果三種用法;此外,「其」還有代詞、副詞、助詞的用法。呂亞東先生的看法是相對客觀的。陳明富(2004)將《楚辭》連詞「其」區分為表示修飾關係、承接關係、假設關係、讓步關係、兼語詞組間起連接作用五種用法。

由於《楚辭》中連詞「其」的用法比較特殊,大多數相當於連詞「而」,這在其他文獻中是罕見的,故在裴學海《古書虛字集釋》之前的虛詞專書多

未涉及此義。廖序東（1980；1995）認為〈離騷〉中大多數「其」相當於「而」，至於用在主謂之間的連詞「其」，廖序東先生則認為是代詞。他分別反駁了以「而」、「之」、「且」等虛詞代替「其」字的觀點，他認為只有一種說法能完全適用於本類的「其」字，即這些「其」字是人稱代詞，複指主語作主語的同位語，有強調主語的作用。對於用在主謂之間的「其」，崔重慶（1983）認為是連詞：「在散文中，『其』雖可用於主謂之間，但都表示一定的語氣，是作為語氣副詞出現的。而楚辭中的『其』卻可用於主謂之間，而不表示任何語氣，因此不是語氣副詞。……這種『其』也不能解釋成複指主語的代詞，因為『其』在先秦一般是不做主語的。」這種用於主謂之間的「其」均為不表示任何意義的連詞，是楚辭所特有的。郭愛平（2007）認為與先秦散文相比較，「其」在《楚辭》中主要用作連詞。主謂之間的「其」具有複指強調主語的功能，而當「其」的這種複指功能弱化時，「其」便產生了主謂之間的連詞。筆者同意將這種「其」看作連詞。用於主謂之間的「其」具有複指主語的功能，為指示代詞。而最晚當在戰國後期，這種複指功能就已經弱化了。於是，連接主謂的「其」作為連詞出現了。從上引 4 例中，不難看出，這種用法的「其」在語義上具有承接的作用，與上文「斯」用法相近。在先秦其他傳世文獻乃至出土戰國文獻中，「其」的這種用法都是罕見的。至於用在狀語與中心語之間的連詞「其」，早在西周傳世文獻中就已經出現了。而且，「這一連詞也是由指示代詞『其』的複指功能弱化所致。不過，此時的『其』不是複指前面的詞，而是複指後面的動詞，即複指特殊的動作行為方式」（郭愛平 2007）。「其」的連詞用法是楚辭類文獻的特徵之一，這種用法在屈原賦中大量出現，在上博簡（八）楚辭類文獻中亦有運用。

## （二）並列連詞

並列連詞所連接的前後成分地位等同，有時可以互換位置。它既可以連接詞、短語，又可以連接句子。上博簡（八）楚辭類文獻中共出現 3 個並列連詞，它們分別是：與 $_3$、而 $_2$、其 $_2$。

### 6. 與 $_3$

並列連詞「與 $_3$」所連接的前後成分為意義相同或相近的詞或短語，它們可以是名詞，可以是形容詞，也可以是動詞。共出現 1 例：

（21）……大路今兮，敦葳**與**楮今兮。（〈有皇將起〉簡 3）

上引例（21），「與₃」前之「葴」和後之「楮」均作動詞「敬」的賓語，二者地位等同，可以互換。雍宛苡（2012）則理解作介詞。

先秦文獻中，還有一個和連詞「與」用法相近的連詞「及」。它們都廣泛地應用於先秦文獻中。但饒有興味是，二者的連詞用法在文獻中的分佈卻有所差異，這表現了二者在地域分佈上的差異。

我們先看屈原賦中的連詞「與」。據筆者統計，「與」在屈原賦中用作連詞的共有 20 處，均用作並列連詞，其中〈離騷〉8 次，〈九歌〉1 次，〈九章〉11 次。「及」在屈原賦中共出現 12 處，然而，沒有一處是用作連詞的。

「與」在上博簡（八）楚辭類文獻中共出現 4 例，其中用作並列連詞的共有 1 例，其他 3 例均用作介詞。連詞「及」在上博簡（八）楚辭類文獻中沒有出現。

周守晉（2005：151～158）統計了楚簡和秦簡中連詞「與」、「及」的使用情況，並指出：「就楚簡、秦簡『與』、『及』的使用來看，應該說是共性、差異並存。在共性一方面，兩類簡中『與』、『及』的動詞意義是基本一致的；同時，兩類簡既有介詞『與』，又有連詞『與』；這也表明『與』的使用，在時代、地域方面具有連續性。兩類簡的差異，正如大西克也先生指出的那樣，『及』在楚簡中沒有作連詞的用例（引文一處例外）；而在秦簡裏，並列連詞主要用『及』。」張玉金（2011）指出，在出土戰國文獻中，並列連詞「與」主要出現在楚簡和曾簡之中，在楚簡中有 97 次，在曾簡中有 28 次，在秦簡和戰國金文中各出現 4 次、1 次。並列連詞「及」主要出現在秦簡中，有 313 次，在楚簡中只出現了 6 次。筆者認為，楚簡中並列連詞主要用「與」，是可信的。這不僅體現在出土文獻中，在傳世文獻中也可窺見一斑。上博簡（八）楚辭與屈原賦中，只用連詞「與」，沒出現連詞「及」，進一步證明了這個現象〔註5〕。

7. 而₂

並列連詞「而₂」，一般用來連接兩個及兩個以上謂詞性詞語，此謂詞性詞語可以是動詞，也可以是形容詞；也可以連接兩個分句。共出現 1 例，如：

（22）身體重（？）靜（？）而目耳勞矣。（〈蘭賦〉簡 5）

上引例（22），「而₂」用於緊縮複句之中。「身體重（？）靜（？）」與「目耳

---

〔註 5〕 陳民鎮〈清華簡〈繫年〉研究〉（煙臺大學碩士學位論文，2013 年 6 月）對該問題有所探討，可以參看。

勞」之間構成並列關係。雍宛苡（2012）歸入順承連詞，與筆者的理解不同。

### 8. 其₂

並列連詞「其₂」主要用於謂語與謂語之間或緊縮複句的分句之間。上博簡（八）楚辭類文獻中「其」主要連接謂語，相當於「而」。共出現 3 例，如：

> （23）虍植兼成，厚（？）其不還兮。（〈李頌〉簡 1）
>
> （24）深利終（？）豆，亢其不貳兮。（〈李頌〉簡 1 背）
>
> （25）旱其不雨兮，湫（？）而不涸。（〈蘭賦〉簡 2）

上引例（23），「厚（？）」形容草木繁密，「不還」指梧桐豐茂而不萎縮，均爲歌頌梧桐的修飾語。二者之間沒有修飾與被修飾的關係。「其」連接兩個形容詞謂語。例（24），「亢」與「剛」、「強」等同義；「不貳」即專一、無二心之義。二者均爲形容詞。例（25），「其」連接形容詞謂語「旱」與動詞謂語「不雨」。

〈李頌〉與〈九章‧橘頌〉的內容與思想存在諸多共性，在語法方面同樣如此。〈橘頌〉中「深固難徙，廓其無求兮」、「淑離不淫，梗其有理兮」、「綠葉素榮，紛其可喜兮」的用例，均與上述例句相似。

### （三）轉折連詞

轉折連詞所連接的前後成分具有轉折或反轉的關係。既可連接詞、短語，也可連接句子。共出現 1 個「而₃」。

### 9. 而₃

轉折連詞「而₃」的轉折連詞的用法，在先秦典籍中是很常見的。一般用來連接兩個及兩個以上謂詞性詞語，此謂詞性詞語可以是動詞，也可以是形容詞；也可用在複句（主要爲緊縮複句）中。在上博簡（八）楚辭類文獻中共出現 6 例，可譯爲「卻」、「然而」：

> （26）……旱其不雨兮，湫（？）而不涸。（〈蘭賦〉簡 2）
>
> （27）……搖落而猶不失厥芳。（〈蘭賦〉簡 2）
>
> （28）處（？）位懷（？）下而比擬高矣。（〈蘭賦〉簡 5）
>
> （29）鶹鷈之止今兮，欲衣而惡枲今兮。（〈鶹鷈〉簡 1）
>
> （30）鶹鷈翩飛今兮，不戠（織）而欲衣。（〈鶹鷈〉簡 2）
>
> （31）……今兮，離居而同欲今兮。（〈有皇將起〉簡 4）

上引例（26），「而₃」，整理者（2011：255）認爲同「能」，作「能夠」講，

陳民鎮認爲當作連詞解。按此處「而₃」的用法，與「湫」作何解關係甚大。整理者（2011：255）將「湫」作「淵」，並將此句斷爲「……旱其不雨，何淵而不涸」，指出「淵，深潭，深池」。蘇建洲先生認爲「湫」是「潭水」的意思〔註6〕。何有祖（2011）則認爲該字作「黍」。然無論是訓爲「潭水」、「深潭」，還是作「黍」，都應是名詞，則「而₃」就如整理者訓爲「能」。筆者認爲，這裏的「湫」訓爲「水潭」或是作「黍」，都不是對文義的貼切解釋。陳民鎮認爲「湫」指地勢地下，環境低濕。說的是古蘭（異於今蘭）的生長環境，《楚辭・九歌・湘夫人》：「沅有茝兮醴有蘭。」洪興祖《補注》曰：「言沅水之中有盛茂之茝，醴水之內有芬芳之蘭。」也說明蘭生長在有水的地方。「湫」字譯爲地勢低濕，符合蘭的生長特性，是一種正常的狀態，在文意上也是說得通的。而「旱其不雨」卻「不涸」，前後語義發生了轉折。例（28），「而₃」連接緊縮複句的兩個分句。

雍宛苡（2012）在轉折連詞一項下將〈蘭賦〉簡5「容則簡逸而莫之能效矣」的「則」視作轉折連詞，與筆者的理解不同。

### （四）因果連詞

因果連詞用來連接具有因果關係的詞、短語及句子。上博簡（八）中共出現1個，即「是故」。

### 10. 是故

因果連詞「是故」在簡文中寫作「氏古」，一般認爲它是一個複音虛詞，主要用在因果複句的結果分句之首。可譯爲「所以」、「因此」。共2例：

（32）是故聖人速此和物，以理人情。（〈李頌〉簡2）

（33）是故聖人速此。（〈李頌〉簡3）

### （五）假設連詞

假設連詞主要連接兩個分句，表示假設關係。共出現1個，即「如」。

### 11. 如

「如」在上博簡（八）楚辭類文獻中出現2例，其中一例用作假設連詞，在簡文中寫作「女」，用於假設複句的前一分句，表示假設的情況或條件，後

---

〔註6〕 參見蘇建洲先生在復旦吉大古文字專業研究生聯合讀書會〈上博八〈蘭賦〉校讀〉（復旦大學出土文獻與古文字研究中心網站，2011年7月17日）一文下的評論，2011年7月18日。

一分句表示結果，可譯爲「假如」、「如果」。共有 1 例：

（34）如蘭之不芳，信蘭其沬也。（〈蘭賦〉簡 4）

上引例（34），「如」，整理者（2011：262）是「如同」、「好像」的意思。雍宛苡（2012）因此沒有統計。陳民鎮認爲未必是好像的意思，當是表示「如果」的連詞。可從。此處正是用作假設連詞，爲「如果」、「假如」的意思。

假設連詞「如」多用在楚簡中，與另一假設連詞「若」有所不同。周守晉（2005：120〜123）指出，在出土文獻中，這兩個詞具有明顯的地域分佈特點，「表『如果』時，楚文獻只用『如』；與秦地文獻只用『若』相比，這是一個明顯的地域特徵」。據張玉金（2011：392）統計，假設連詞「如」在《上博楚簡》中共出現 17 次，在《郭店楚簡》中出現 3 次，在《九店楚簡》中出現 4 次，此外，其他楚簡中也出現少許。並得出「除了〈嶧山刻石〉中的 1 例之外，假設連詞『如』確實都出現在出土楚文獻之中」的結論。

值得注意的是，屈原賦中並未出現這種用法的「如」。

## （六）目的連詞

目的連詞通常用在複句的後一分句之首，表示某一行爲動作的目的。上博簡（八）楚辭類文獻中共出現 1 個目的連詞，即「以」。

### 12. 以

「以」作爲目的連詞，可譯爲「用來……」，連接行爲動作和行爲動作的目的，一般用在複句中。共出現 1 例：

（35）是故聖人兼此和物以理人情。（〈李頌〉簡 2）

上引例（35），「理人情」充當了「聖人兼此和物」這一行爲動作的目的。

## （七）方式狀態連詞

方式狀態連詞通常用來連接兩個謂詞語，前一個謂詞語表示動作行爲的方式狀態，後一個謂詞語表示動作行爲，上博簡（八）楚辭類文獻中共出現 1 個方式狀態連詞，即「而 4」。

### 13. 而 4

「而 4」作爲方式狀態連詞，可譯爲「地」。共出現 1 例：

（36）敬而勿集兮。（〈李頌〉簡 1 背）

上引例（36），「敬」表示後一動作行爲「勿集」的方式狀態。

附表2　上博簡（八）楚辭類文獻的連詞

| 連詞 | 而 | 則 | 斯 | 焉 | 其 | 與 | 是故 | 如 | 以 | 合計 |
|------|----|----|----|----|----|----|------|----|----|------|
| 順承 | 4 | 1 | 2 | 1 | 6 | | | | | 14 |
| 並列 | 1 | | | | 3 | 1 | | | | 5 |
| 轉折 | 6 | | | | | | | | | 6 |
| 因果 | | | | | | | 2 | | | 2 |
| 假設 | | | | | | | | 1 | | 1 |
| 目的 | | | | | | | | | 1 | 1 |
| 方式狀態 | 1 | | | | | | | | | 1 |
| 合計 | 12 | 1 | 2 | 1 | 9 | 1 | 2 | 1 | 1 | 30 |

　　從上表可以看出，上博簡（八）楚辭類文獻中的連詞「而」出現最多，「而」的用法最為靈活、複雜，既可用作順承連詞、轉折連詞，也可用作並列連詞，而以轉折連詞的用法居多。不論是屈原賦，還是上博簡（八）楚辭類文獻，「而」都是用法最靈活、最複雜的連詞之一。其次是連詞「其」，是楚辭類文獻常見的連詞，過去學者對傳世楚辭的「其」多有討論。在所有連詞中，順承連詞的用法出現最多，其次是轉折連詞。

## 三、助　詞

　　助詞是附著在其他語言單位上，在語法結構中只起助加作用的虛詞。通常用在句首或句中，不作句子成分。根據其表示的意義的不同，本文把它分為結構助詞、其他助詞兩類。上博簡（八）楚辭類文獻中出現的助詞有之、所、有3個。

### （一）結構助詞

上博簡（八）中共出現2個結構助詞，即「之」、「所」。

### 1. 之

　　結構助詞「之」可以有以下幾種情況：用在定語與中心與之間；用在主語與謂語之間；用於狀語與中心語之間；用於中心語與補語之間；用於主語與介賓結構之間。上博簡（八）楚辭僅見於定中之間、主謂之間兩種。這兩種情況也是最常見的。

其一，用於定中之間的「之」。

用於定中之間的「之」前的定語可以是體詞性詞語，也可以是謂詞性詞語，相當於現代漢語的「的」。「之」後的中心語一般都是體詞性詞語，上博簡（八）楚辭亦是如此。

「之」可以用於四種語義類型的定中短語之中，分別是領屬關係、修飾關係、限制關係和同一關係。上博簡（八）楚辭類文獻中僅見於領屬與限制兩種類型。

領屬關係即用於領屬性定語和中心語之間。共出現 2 例，如：

> （37）鶌鶋之止今兮，欲衣而惡枭今兮。（〈鶌鶋〉簡 1）

> （38）鶌鶋之羽今兮，子何舍余今兮？（〈鶌鶋〉簡 1）

上引例（37）、（38）中，「之」前的定語「鶌鶋」爲名詞。據筆者統計，屈原賦中用於領屬關係的「之」共出現 23 次。

其次是限制關係，用於限制性定語和中心語之間。共出現 6 例：

> （39）斷外疏中，眾木之紀兮。（〈李頌〉簡 1）

> （40）鳳鳥之所集，竢時而作兮。（〈李頌〉簡 1）

> （41）木斯獨生，榛棘之間兮。（〈李頌〉簡 1）

> （42）嗟嗟君子，觀乎樹之容兮。（〈李頌〉1 背）

> （43）豐華重光，民之所好兮。（〈李頌〉簡 2）

> （44）願歲之啓時，思乎樹秀兮。（〈李頌〉1 背）

上引例（40）至（44）中，「之」前的定語「鳳鳥」、「榛棘」、「樹」、「民」、「歲」均爲名詞；例（39）、中的定語「眾木」爲定中短語。其中，例（40）、例（43）「之」後面的「所」與動詞「集」、「好」構成所字結構，化爲名詞作句子的中心語。這裏，兩個結構助詞「之」、「所」連用，置於名詞與謂詞之間。據筆者統計，屈原賦中用於限制關係的「之」較多，共出現 75 次。

其二，用於主謂之間的「之」。

用於主謂之間的「之」，其謂語可以是詞，可以是短語，可以是形容詞，也可以是動詞，論者或認爲這種情況的「之」爲取消句子的獨立性。本文將它看作結構助詞。共有 7 例：

> （45）……也今兮，命三夫之旁也今兮。（〈有皇將起〉簡 6）

> （46）命夫三夫之請（？）也今兮。（〈有皇將起〉簡 6）

> （47）暐冬之祁寒，槀其方落兮。（〈李頌〉簡 1）

（48）如蘭之不芳，信蘭其沫也。（〈蘭賦〉簡 4）

（49）風旱之不亡，天道其越也。（〈蘭賦〉簡 5）

（50）稊稗之方起，夫亦適其歲也。（〈蘭賦〉簡 5）

（51）膠膊之精也今兮。（〈有皇將起〉簡 6）

上引諸例，「之」均用在主語與謂語之間。例（45）、（46）、（49）和（50）中的謂語用動詞充當。例（47）、例（48）、和例（51）中，「之」後面的謂語均由形容詞充當。據筆者統計，屈原賦中用於主謂之間的「之」共出現128 次。

「之」當用在主謂之間時，其「主＋之＋謂」結構的性質已經發生了改變，而與定中短語相似了。張玉金（2011：440）認為「主之謂」結構為定中結構，不再是主謂結構，「它的基本功用是充當定語的標誌。當『之』出現在『主』之後時，『主』已不再是主語，而變成了定語；相應地，『謂』變成了中心語。這樣『主之謂』就是定中短語了」。

雍宛苡（2012）對助詞「之」用法的區分，與本文有所不同。

### 2. 所

結構助詞「所」用在動詞或形容詞前面，構成「所」字結構的短語。當一個動詞或形容詞前加上「所」字之後，其詞性就會發生改變而成為名詞性結構。共有 2 例：

（52）鳳鳥之所集，竢時而作兮。（〈李頌〉簡 1）

（53）豐華重光，民之所好兮。（〈李頌〉簡 2）

結構助詞「之」與「所」經常連用，組成「之所」結構，如上引例（52）、例（53）。這種結構多見於屈原賦，如〈離騷〉：「昔三后之純粹兮，固眾芳之所在。」〈九章・惜誦〉：「專惟君而無他兮，又眾兆之所讎。」〈遠遊〉：「內惟省以端操兮，求正氣之所由。」屈原賦中這樣的例子不勝枚舉。據筆者統計，屈原賦共出現「之所」27 例。結構助詞「所」共出現 59 次，其中〈離騷〉10 次，〈九歌〉2 次，〈天問〉9 次，〈九章〉26 次，〈遠遊〉4 次，〈卜居〉8 次。

### （二）其他助詞

上博簡（八）楚辭類文獻中還出現了另外一些助詞，它們並不是結構助詞，我們統稱為其他助詞。這樣的助詞共有 1 個，即「有」。

### 3. 有

助詞「有」，簡文作「又」，通常用於名詞、動詞、形容詞之前，無實際意義。關於這種用法的「有」，或認爲是詞頭，或認爲是狀事之詞。共有1例：

　　　　（54）<u>有</u>皇將起今兮，助（？）余教保子今兮。（〈有皇將起〉1）

上引例（54），「有」簡文作「又」，楚簡及典籍習見，簡文用作虛詞，用在單音節動詞「皇（惶）」之前。屈原賦中，出現7例用於朝代或部族等專有名詞之前的「有」，其中〈離騷〉2例，〈天問〉5例。

**附表3　上博簡（八）楚辭類文獻的助詞**

| 助　詞 | 之 | 所 | 有 | 合　計 |
|---|---|---|---|---|
| 結　構 | 15 | 2 | | 17 |
| 其　他 | | | 1 | 1 |
| 合　計 | 15 | 2 | 1 | 18 |

從上表可知，上博簡（八）楚辭類文獻的助詞以「之」爲主，主要用作結構助詞，尤其是用於主謂之間，這是與屈原賦一致的；另一方面，其用法不如屈原賦中的「之」豐富。

## 四、語氣詞

語氣詞起著加強語氣的作用，用來表達陳述、感歎、疑問、祈使等各種語氣的虛詞。通常用在句末，也可用在句中，可分爲句末語氣詞和句中語氣詞。共有也、矣、哉、乎、兮、今兮、也今兮 7 個，其中「哉」、「乎」是句中語氣詞。

### 1. 也

語氣詞「也」在上博簡（八）楚辭類文獻中用在陳述句末，共有3例：

　　　　（55）如蘭之不芳，信蘭其沬<u>也</u>。（〈蘭賦〉簡 4）

　　　　（56）風旱之不亡（？），天道其越<u>也</u>。（〈蘭賦〉簡 5）

　　　　（57）稊稗之方起，夫亦適其歲<u>也</u>。（〈蘭賦〉簡 5）

據筆者統計，屈原賦中語氣詞「也」出現17次，其中〈離騷〉6次，〈九章〉11次，都是抒情性濃郁的篇章。

## 2. 矣

語氣詞「矣」既可用在句末，也可用在句中。用在句末時，一般是在複句的後一分句之末。上博簡（八）楚辭亦然，共有4例：

（58）……旱，雨露不降矣。（〈蘭賦〉簡1）

（59）容則簡逸而莫之能效矣。（〈蘭賦〉簡5）

（60）身體重（？）靜（？）而目耳勞矣。（〈蘭賦〉簡5）

（61）處（？）位懷（？）下而比擬高矣。（〈蘭賦〉簡5）

上引例（58），「矣」用在敘述句末，表示一種已然之事實。例（59），「矣」用在帶有評議性的緊縮複句末尾，此緊縮複句的後一分句「莫之能效矣」的謂語是由表示評議的動詞——即能願動詞「能」加上後面的動詞「效」充當的，是對前一分句「容則簡逸」所反映的事件作主觀的評議。然也有人認為這種用法的「矣」是語末助詞，表言者語意之堅確。例（61）用法與例（60）同。上舉諸例，「矣」均位於複句後一分句末，其中，例（59）、（60）、（61），「矣」用在緊縮複句後一分句末。屈原賦中僅有〈離騷〉出現1次。

## 3. 哉

語氣詞「哉」在簡文中作「才」。通常用於感歎句末、祈使句末、反問句末，也可用在句中。共出現1例：

（62）緩哉蘭兮！（〈蘭賦〉簡2）

上引例（62），語氣詞「哉」用於感歎句中。此感歎句發生了主謂倒置，「哉」用在了前置的謂語之後。屈原賦中僅有〈離騷〉出現1次。

## 4. 乎

語氣詞「乎」在上博簡（八）楚辭類文獻中用於動賓結構之間，起延緩語氣的作用。簡文中寫作「虖」。共3例：

（63）相乎館（？）樹，桐且治（？）兮。（〈李頌〉簡1）

（64）觀乎樹之容兮。（〈李頌〉簡1背）

（65）思乎樹秀兮。（〈李頌〉簡1背）

上引諸例，「乎」介詞短語均作謂語動詞的補語，這與屈原賦所見用例可相比照。如〈離騷〉：「何所獨無芳草兮，爾何懷乎故宇？」〈離騷〉：「國無人莫我知兮，又何懷乎故都？」關於上舉屈原賦兩例，廖序東（1995：154）認為是語氣助詞。廖序東先生認為，〈離騷〉的「乎」除用作介詞之外，也有用作語氣助詞的，相當於「兮」，用於句中表示語氣的延緩，且主要用於下句。按照

廖序東先生的看法，這種「乎」相當於「兮」，那麼看作句中語氣詞會更加恰當。「乎」的這種用法，也是楚辭類文獻的重要特徵，是其他文獻所罕有的。而在上博簡（八）楚辭類文獻中，同樣可以看到這種用法。屈原賦中這種用法的「乎」共出現 12 次，其中〈離騷〉7 次，〈九章〉2 次，〈遠遊〉3 次，〈九歌〉、〈天問〉等不見。

雍宛苡（2012）並未統計此項，蓋從整理者讀作「吾」。陳民鎮初讀作「乎」，後改作「吾」。本文暫讀作「乎」。

5. 兮

語氣詞「兮」在簡文中寫作「可」，通常用於句末，有時也可用於句中。大量運用語氣詞「兮」是楚辭類文獻的一大特色，上博簡（八）楚辭類文獻亦是如此。「兮」在〈李頌〉與〈蘭賦〉中用例很多，尤其是〈李頌〉，幾乎每句都有「兮」。出現 16 次，如：

（66）相乎館（？）樹，桐且治（？）兮。（〈李頌〉簡 1）

（67）……旱其不雨兮，湫（？）而不涸。（〈蘭賦〉簡 2）

（68）緩哉蘭兮！（〈蘭賦〉簡 2）

對「兮」的討論，成果可謂汗牛充棟。總之，語氣詞「兮」雖然不獨見諸楚辭，但確乎是楚辭體韻文的一大標誌。屈原賦中「兮」共出現 873 次，其中〈天問〉並未出現「兮」。

6. 今兮

雙音節語氣詞「今兮」在簡文中寫作「含可」，只能用在句末，相當於現代漢語中的「哎啊」。上博簡（八）三篇楚辭中，有〈有皇將起〉、〈鶹鷅〉兩篇使用雙音節語氣詞「今兮」，是前所未見的。出現 36 次，如：

（69）子遺余鶹鷅今兮。（〈鶹鷅〉1）

（70）鶹鷅之止今兮，欲衣而惡枲今兮。（〈鶹鷅〉1）

（71）……大路今兮，敧蔵與楮今兮。（〈有皇將起〉3）

茲不一一列舉。從上引 3 例可見，前半句末和後半句末同時使用了雙音節語氣詞「今兮」。這是上博簡（八）楚辭類文獻的一大特色。

7. 也今兮

在簡文〈有皇將起〉的末尾又出現了三音節語氣詞「也今兮」，寫作「也含可」。與雙音節語氣詞「今兮」用法相同，「也今兮」只能用在句末。其用

例不如「兮」和「今兮」多。此語氣詞亦不見於屈原賦和先秦其他文獻。共有4例，如：

（72）……也今兮，命三夫之旁也今兮。（〈有皇將起〉簡6）

（73）膠膊之精也今兮，命夫三夫之請（？）也今兮。（〈有皇將起〉簡6）

多個語氣詞連用，見諸〈離騷〉的「已矣哉」。

此外，「<u>蠹</u>余教保子今兮」（〈有皇將起〉簡1）中的「蠹」，整理者（2011：273）也認為是語氣詞，同「惟」。該字即便讀作「惟」，是否歸入語氣詞也是有問題的，何況該字本身不該讀作「惟」。復旦吉大古文字專業研究生聯合讀書會（2011）認為：「以前有學者直接釋為『助』，若此處讀為助，可謂文從字順。」讀書會之說可從。張峰（2011）也同意釋為「助」。按「蠹」在此確有相助之義，當為動詞，而不應視作虛詞。

上博簡（八）楚辭類文獻中的語氣詞較為豐富，以「兮」、「今兮」、「也今兮」為主，反映了楚辭類文獻的一大特色。

## 五、簡短的結論

上博簡（八）楚辭類文獻的虛詞與今本《楚辭》存在共通之處，同時也表現出一定的個性。由於上博簡（八）楚辭類文獻的語料不是很豐富，所包含的信息有限，不一定能反映屈原之前楚辭類作品的全貌。但通過對這四篇文獻的虛詞分析，能在一定程度上深化我們對楚辭虛詞乃至楚地虛詞的認識。

上博簡（八）楚辭類文獻中出現了假設連詞「如」，從此前的材料看，這是具有楚地特色的虛詞（但這種用法的「如」不見屈原賦）。同時，這四篇文獻沒有見到連詞「及」，只有連詞「與」，這是與傳世《楚辭》相合的，也是與楚簡所反映的規律相合的。

至於上博簡（八）楚辭類文獻連詞「斯」的用法，則是屈原賦所不見的。屈原賦中的「斯」，均作代詞。

上博簡（八）楚辭類文獻多用連詞「其」。「其」作為連詞，在其他文獻中是罕見的。在楚辭中，「其」不僅可以作順承連詞，還可以作並列連詞。用法廣泛，用例較多。在這方面，出土楚辭與傳世楚辭是一致的。

楚辭類文獻中「乎」的語氣詞用法同樣具有個性，在上博簡（八）楚辭

類文獻中，這種用法同樣也出現了。

　　這四篇文獻，出現了我們此前所未知的語氣詞「今可」、「也今可」，這無疑能深化我們對楚辭類文獻的認識。此前的出土戰國文獻，「可」所見甚少。據張玉金（2011）統計，「可」出現 2 次，一寫作「氏」，一寫作「可」。上博簡（八）楚辭類文獻中「可」均寫作「可」，用例豐富，且出現新的用法，彌足珍貴。

　　諸如連詞「其」、語氣詞「乎」、語氣詞「可」、「今可」、「也今可」的使用，均是楚辭類文獻強烈文體特徵的表現。

　　總之，上博簡（八）楚辭類文獻一方面是出土文獻，一方面能體現楚地語言特色，具有重要研究價值。其虛詞特徵凸顯出一定的地域性與文體色彩，同時具有較強的個性。

## 參考文獻

1. 陳明富：〈《楚辭》虛詞研究〉，內蒙古師範大學碩士學位論文，2004 年 4 月。
2. 崔重慶：〈楚辭中「之」、「其」、「而」、「以」諸虛詞的使用特點〉，《求是學刊》1983 年第 6 期。
3. 復旦吉大古文字專業研究生聯合讀書會：〈上博八〈有皇將起〉校讀〉，復旦大學出土文獻與古文字研究中心網站，2011 年 7 月 17 日。
4. 郭愛平：〈先秦漢語「其」字研究〉，西南大學漢碩士學位論文，2007 年 4 月。
5. 何有祖：〈上博楚簡釋讀札記〉，武漢大學簡帛研究中心網站，2011 年 7 月 24 日。
6. 胡朝勳：〈《楚辭》語間「其」字考釋〉，《古漢語研究》1991 年第 2 期。
7. 黃浩波：〈上博八〈蘭賦〉「容則」試解〉，武漢大學簡帛研究中心網站，2011 年 9 月 9 日。
8. 姜亮夫：《楚辭通故》第 4 輯，雲南人民出版社 2002 年版。
9. 廖序東：〈釋〈離騷〉「其」字句〉，《徐州師範學院學報》1980 年第 1 期。
10. 廖序東：《楚辭語法研究》，語文出版社 1995 年版。
11. 呂亞東：〈試釋屈原賦中的「其」字〉，《中南民族學院學報》1985 年第 2 期。
12. 馬承源主編：《上海博物館藏戰國楚竹書（八）》，上海古籍出版社 2011 年版。

13. 王寧：〈《上博八・李頌》通讀〉，簡帛研究網站，2011 年 10 月 18 日。

14. 熊焰：〈先秦韻文「其」字代詞虛用說〉，《古漢語研究》1997 年第 2 期。

15. 薛恭穆：〈《楚辭》中形容詞副詞的後綴〉，《中國語文》1980 年第 6 期。

16. 雍宛苡：〈《上海博物館藏戰國楚竹書（八）》虛詞初探〉，復旦大學出土文獻與古文字研究中心網站，2012 年 5 月 13 日。

17. 張峰：〈《上博（八）・有皇將起》讀書筆記〉，武漢大學簡帛研究中心網站，2011 年 7 月 24 日。

18. 張玉金：《出土戰國文獻虛詞研究》，人民出版社 2011 年版。

19. 周守晉：《出土戰國文獻語法研究》，北京大學出版社 2005 年版。

# 上博簡〈李頌〉與〈橘頌〉比較研究 [註1]

　　**摘要**：上博簡〈李頌〉與《楚辭・橘頌》結構、句式、修辭等方面都存在相近之處。在用韻方面，本文對兩篇也作了初步比較。兩篇的思想存在諸多共性，都強調了作者對崇高道德理想的追求。〈李頌〉的面世在某種層面上能說明〈橘頌〉創作的早期性，也能進一步佐證〈橘頌〉並非後人的附會之作。

　　上博簡第八冊刊布了四篇楚辭體文獻，其中有〈李頌〉一篇，整理者曹錦炎先生指出：「簡文有些詩句可與今本《楚辭》相對照，為深入研究《楚辭》作品提供參考意見。如簡文『深利終逗，誇其不貳兮』句，與《楚辭・九章・橘頌》『深固難徙，更壹志兮』句，可以互相發明。『亂木層枝』亦可與〈橘頌〉『曾枝剡棘』互注。……本篇的發表，對深入研究《楚辭》各篇的作者和創作年代，無疑也有一定的幫助。」 [註2] 曹先生初步指出了〈李頌〉與《楚辭・九章・橘頌》的關係。季旭昇先生從專一不遷、外表修飭內在嚴謹、立志與眾不同、不隨從流俗等方面將二者進行比較，指出兩篇結構分別以點出地域、描寫外在容貌、描寫內在品德等為序，認為「原考釋謂屈原正是從這些早期的楚辭作品中汲取豐富的營養，也不無可能。尤其〈桐頌〉的完成年代應該早於墓主下葬的年代，更增加了這種可能性。此外，屈原的〈橘頌〉比〈桐頌〉寫得好（見下文分析），也增加了原考釋之說的可能性。不過，也

---

〔註1〕　本篇作者為萬德良、陳民鎮。
〔註2〕　馬承源主編：《上海博物館藏戰國楚竹書（八）》，上海古籍出版社2011年版，第229～230頁。

可能在屈原存活的年代,〈橘頌〉、〈桐頌〉這類作品形式已經相當成熟而流行,二者都從更早的類似作品取得養分。〈桐頌〉的作者雖然不知道是誰,但能夠被《上博簡》的墓主列爲陪葬品,當然也有一定的水準,才能受到墓主生前相當的喜愛」〔註3〕。對於這一問題,本文擬作進一步的討論。

## 一、概　說

〈李頌〉整理者指出,〈李頌〉「內容是以李樹爲歌頌對象」〔註4〕,經過學者們的討論,已經究明〈李頌〉的歌詠對象實際上是梧桐,而不是李樹,稱其爲「李頌」是名不副實的,本文暫且依從整理者的擬題。無論如何,〈李頌〉與〈橘頌〉一樣都是詠物小賦是可以肯定的。整理者將該篇擬題爲「李頌」,顯然也是考慮到了其與〈橘頌〉的相似。無論是〈李頌〉還是〈橘頌〉,作者都將自己的情緒和意志寄託在樹木身上,通過歌詠梧桐或橘樹的特殊品質,來表達自己的理想與情懷。

〈李頌〉與〈橘頌〉的篇幅相仿。〈李頌〉如果除掉篇末有爭議的「是故聖人兼此和物以理人情,人因其情則樂其事,遠其情……是故聖人兼此」兩句,共計16句,而〈橘頌〉則是18句。如果〈李頌〉加上存在爭議的兩句,則恰好也是18句。如果排除爭議句,〈李頌〉共計143字,〈橘頌〉則是152字。二者都是篇幅接近的精短小賦。

從整體結構上看,〈李頌〉和〈橘頌〉都是先狀物,再託物言志。具體來說,〈李頌〉先是描述梧桐的整體形象,強調其有別於其他樹木的特殊之處,如「斷外疏中」、耐寒、「亢其不貳」等,並借鳳鳥、榛棘、君子、眾鳥等加以烘託,作爲「木異類」,最終歸結到梧桐「守物強幹,木一心兮。違與它木,非與從風兮」的獨特品格。〈橘頌〉則細致描繪橘樹的枝、葉、果等部位,並強調橘樹的「內美」,即橘樹「深固難徙」、「獨立不遷」的品質,並讚頌其「秉德無私,參天地兮」,點明作者的理想高標。無論是〈李頌〉和〈橘頌〉,作者都借歌詠對象的獨特品格來表達自己的堅貞志向。

從句式上看,〈李頌〉與〈橘頌〉均以四言句爲主體,在此基礎上增益襯

---

〔註3〕 季旭昇:〈《上海博物館藏戰國楚竹書(八)‧桐頌》考釋〉,《中央研究院歷史語言研究所集刊》第84本第4分,2013年12月,第686頁。

〔註4〕 馬承源主編:《上海博物館藏戰國楚竹書(八)》,上海古籍出版社2011年版,第229頁。

字——連接詞以及語氣詞「兮」。過去不少學者指出〈橘頌〉類似《詩經》的體式，〈李頌〉亦是如此。相比於其他楚辭體文獻，〈李頌〉和〈橘頌〉的句式是比較特殊的，很可能是早期楚辭的表現。

具體來說，「亙植兼成，厚（？）其不還兮」、「深利終（？）豆，亢其不貳兮」等句結構與〈橘頌〉中「深固難徙，廓其無求兮」、「淑離不淫，梗其有理兮」、「綠葉素榮，紛其可喜兮」的用例相似。其中，並列連詞「其」主要用於謂語與謂語之間，相當於「而」。

〈李頌〉與〈橘頌〉的修辭也存在共性，尤其是二者都大量使用擬人的手法，最值得我們注意。湯炳正先生對屈原賦中的修辭手法作過全面的探討，湯先生指出：「〈橘頌〉是一篇詠物詩，但全篇充分運用了『擬人』法；尤其是後半篇，完全是屈原的自我寫照。是寫物也是寫人，二者融爲一體。」〔註5〕這一說法同樣適用於〈李頌〉。〈李頌〉描繪了梧桐的高潔品格，強調其「違與它木，非與從風兮」，梧桐實際上是「君子」的化身。

〈李頌〉與〈橘頌〉有不少句子是高度相似的，如：

| 李　頌 | 橘　頌 |
| --- | --- |
| 深利終（？）豆，亢其不貳兮 | 深固難徙，更壹志兮 |
| 亂本曾枝 | 曾枝剡棘 |
| 守物強幹，木一心兮；違與它木，非與從風兮 | 受命不遷；更壹志兮；蘇世獨立，橫而不流兮 |
| 則不同兮；木異類兮 | 嗟爾幼志，有以異兮 |
| 願歲之啓時 | 願歲並謝 |

由此可見二者在修辭、用詞、寓意等方面的相似。

## 二、用韻之比較

〈李頌〉的韻讀，復旦吉大古文字專業研究生聯合讀書會已有初步分析，這裏結合讀書會的意見，擬定如下：

　　　　相吾館（？）樹，桐且治（？・之部）兮。

　　　　斷外疏中，眾木之紀（之部）兮。

　　　　韓冬之祁寒，枲其方落（鐸部）兮。

〔註5〕　湯炳正：〈屈賦修辭舉隅〉，《屈賦新探》，齊魯書社 1984 年版，第 332 頁。

鳳鳥之所集，竢時而作（鐸部）兮。

木斯獨生，榛棘之間（元部）兮。

亞植兼成，厚（？）其不還（元部）兮。

深利終（？）豆，亢其不貳（脂部）兮。

亂本曾枝，浸毀｜（？）兮。

嗟嗟君子，觀吾樹之容（東部）兮。

豈不偕生，則不同（東部）兮。

謂群眾鳥，敬而勿集（緝部）兮。

素府宮理（？），木異類（物部）兮。

願歲之啓時，使吾樹秀（幽部）兮。

豐華重光，民之所好（幽部）兮。

守物強幹，木一心（侵部）兮。

違與它木，非與從風（侵部）兮。

是故聖人兼此和物以理人情，人因其情則樂其事，遠其情

是故聖人兼此〔註6〕

可見，〈李頌〉除了文末爭議句不入韻，其他基本爲兩句一韻，分別是：之部（陰）－鐸部（入）－元部（陽）－脂眞通韻（？）－東部（陽）－緝物合韻（入）－幽部（陰）－侵部（陽）。其中，學者們對「｜」字的理解尚有爭議，鄔可晶先生指出：「『｜』與其看作陽部字，還不如認爲即《說文·一上·｜部》『引而上行讀若囟』的『｜』，『讀若囟』則屬眞部，與其上句『剛其不貳』的脂部字『貳』正可押韻（脂、眞陰陽對轉）。」〔註7〕暫從此說。篇中有一例緝物合韻，屬於元音相同而不屬於對轉者，《詩經》中有用例〔註8〕。相對於上博簡〈蘭賦〉用韻的複雜（有連句押韻的，也有隔句押韻的，隔句押韻的又有隔單句和多句的不同），〈李頌〉的用韻顯然更加單純。

---

〔註6〕 釋文參見本書上編《集釋》。

〔註7〕 參見鄔可晶先生在復旦吉大古文字專業研究生聯合讀書會〈上博八〈李頌〉校讀〉（復旦大學出土文獻與古文字研究中心網站，2011年7月17日）一文下的評論，2011年7月17日。

〔註8〕 王力：《詩經韻讀》，《詩經韻讀·楚辭韻讀》，中國人民大學出版社2004年版，第28頁。

〈橘頌〉的韻讀，王力先生已經總結如下〔註9〕：

> 后皇嘉樹，橘來服（職部）兮。
> 受命不遷，生南國（職部）兮。
> 深固難徙，更壹志（之部）兮。
> 綠葉素榮，紛其可喜（之部）兮。
> 曾枝剡棘，圓果摶（元部）兮。
> 青黃雜糅，文章爛（元部）兮。
> 精色內白，類任道（幽部）兮。
> 紛縕宜修，姱而不醜（幽部）兮。
> 嗟爾幼志，有以異（職部）兮。
> 獨立不遷，豈不可喜（之部）兮。
> 深固難徙，廓其無求（幽部）兮。
> 蘇世獨立，橫而不流（幽部）兮。
> 閉心自慎，不終失過（歌部）兮。
> 秉德無私，參天地（歌部）兮。
> 願歲並謝，與長友（之部）兮。
> 淑離不淫，梗其有理（之部）兮。
> 年歲雖少，可師長（陽部）兮。
> 行比伯夷，置以爲像（陽部）兮。〔註10〕

可見，〈橘頌〉是兩句一韻，除了有一例職之通韻，其他都是兩句用一韻，分別是：職部（入）－之部（陰）－元部（陽）－幽部（陰）－之部（陰）－幽部（陰）－歌部（陰）－之部（陰）－陽部（陽）。〈橘頌〉以陰聲韻爲主，與〈李頌〉是不盡相同的。〈李頌〉交錯使用陰聲韻、陽聲韻、入聲韻，節奏錯落有致。據湯炳正先生研究，「屈賦在一般情況下，多用陽聲韻與陰聲韻；而在情緒特別激動悲切的詩節裏，有時往往換用音節短促而咽塞的入聲韻」〔註11〕。像〈李頌〉、〈橘頌〉這樣的詠物小賦，個人抒情色彩不濃，就未必適用了。

---

〔註9〕　王力：《楚辭韻讀》，《詩經韻讀‧楚辭韻讀》，中國人民大學出版社 2004 年版，第 450～451 頁。
〔註10〕　本文所引《楚辭》文本以洪興祖《楚辭補注》（中華書局 1983 年版）爲底本。
〔註11〕　湯炳正：〈屈賦語言的旋律美〉，《屈賦新探》，齊魯書社 1984 年版，第 404 頁。

〈李頌〉和〈橘頌〉由於是楚辭體，句尾押虛字腳「兮」，前面又有韻字，是爲「富韻」〔註12〕。〈李頌〉與〈橘頌〉都沒有出現屈原賦中首尾韻、中尾韻、交叉韻等情況〔註13〕，但〈李頌〉與〈橘頌〉總體來看用韻嚴謹，節奏和諧，富於韻律美。

## 三、旨趣之比較

曹錦炎先生在對〈李頌〉的介紹中提到：「很有可能，屈原正是從這些早期的楚辭作品中汲取豐富的營養，以他的優異才華，創作出一系列不朽的楚辭作品。」〔註14〕曹先生的見解是很有見地的，〈橘頌〉採用了與〈李頌〉相似的句式和修辭，雖與〈李頌〉所詠之物不同，創作時間不同，但在抒發情感上卻異曲同工，表達出作者對於崇高美德的追求。雖然不能確定〈橘頌〉的具體時間，但行文內容所表現出的具體旨趣卻是比較一致的，下文將〈橘頌〉與〈李頌〉結合起來，進行思想內容的分析，從其共通之處說明兩者的密切聯繫。

### （一）深戀本土——「深固難徙」與「深利終（？）豆」

〈橘頌〉開篇即表達對本土的熱愛之情，其文曰：「后皇嘉樹，橘徠服兮；受命不遷，生南國兮。」「后皇」即皇天后土，是對天地的尊稱，稱所處地方的天地爲「后皇」，眞切地流露出作者對自己家鄉的崇敬與愛戀。接著用橘樹性喜南國氣候、不可移植的特點來表達自己不輕易適從他國的決心。後文「深固難徙，更壹志兮」一句，仍是表達自己安土重遷、忠於本土的勇氣和意志。王逸云：「屈原見橘根深堅固，終不可徙，則專一己志，守忠信也。」即爲此意。〈李頌〉雖不像〈橘頌〉那樣直接，但從「深利終（？）豆，尤其不貳兮」一句也能看出梧桐龐根深扎、堅貞不屈的特點。前文講桐樹雖生「榛棘之間」，卻「亚植兼成」、根深柢固，環境雖險惡，但桐樹依舊扎根本土，不離不棄，這與〈橘頌〉開篇所表達的思想感情是相近的。

〔註12〕王力：《詩經韻讀》，《詩經韻讀·楚辭韻讀》，中國人民大學出版社 2004 年版，第 36 頁。

〔註13〕湯炳正：〈屈賦語言的旋律美〉，《屈賦新探》，齊魯書社 1984 年版，第 398～400 頁。

〔註14〕馬承源主編：《上海博物館藏戰國楚竹書（八）》，上海古籍出版社 2011 年版，第 229 頁。

## （二）美的追求──「文章爛兮」與「豐華重光」

〈橘頌〉開篇以橘樹根深堅固來表達熱愛本土的情感，緊接著對橘樹的枝葉、花朵、果實等進行了細致的描繪。首先是從宏觀上對橘樹形象進行整體描繪。綠葉白花、枝葉叢生、刺尖果圓、青黃相雜，這些共同構成了「紛其可喜」、「文章爛兮」的橘樹形象。屈原寫橘樹之外形美觀，實如〈離騷〉之中寫「香草」、「美人」一樣，是借以言志的。如王注所云，「以言己行清白，可信任也」，「以言己敏達道德，亦爛然有文章也」。橘樹的形象，正是自己仰慕的形象及自身形象的寫照。

對橘樹的外在形象從宏觀上描繪完成後，又聚焦到橘樹的果實和枝幹上，說橘樹的果實「精色內白，類任道兮」，說橘樹的枝幹「紛縕宜修，姱而不醜兮」。通過對果實瓤肉瑩白的描寫，表達了對橘樹內懷純潔之志的讚美，也暗示自己與橘樹果實一樣具備內在的美德，可以信任。而對樹幹的描寫，也暗示自己有積極進取的心態和正直不阿的優秀品質。

可見，不論是宏觀的描繪，還是細節的展示，都表現出對橘樹之美的崇敬愛慕之情，間接透露出自己對美的追求與實踐。〈李頌〉中也有像〈橘頌〉那樣的描寫，只是所表現出的美德有所不同。「斷外疏中」、「守物強幹」呈現出桐樹正直不阿的品質，這與橘樹「紛縕宜修」所述相同。「素府宮理（？）」、「豐華重光」則呈現出桐樹的外在之美，這與橘樹「綠葉素榮」所述相似。除此之外，「輝冬之祁寒，槀其方落兮」一句，表現出橘樹對惡劣環境具有極強的承受能力，這一品質在〈橘頌〉中表現得並不明顯。

## （三）卓爾不群──「橫而不流」與「非與從風」

〈橘頌〉和〈李頌〉兩篇思想最相似，甚至有相同的思想主旨，那就是頌揚一種不與世俗同流合污的、卓爾不群的精神。王逸注〈橘頌〉時說：「屈原自比志節如橘，亦不可移徙。」〈橘頌〉與〈李頌〉都延續了《國風》「以物比德」的傳統，以草木意象喻志，昭示高尚的精神追求，以及對「君子」、「聖人」人格的向往。

〈橘頌〉中，作者讚美完橘樹的外貌之美後，情感的程度發生了轉變，從之前的娓娓道來改為迸發式的直抒胸臆，反覆讚頌橘樹的剛直不阿與超凡脫俗，他吟唱道：

> 讚歎你從小有志氣，與時俗全然相異；
> 獨立而堅定不移，是多麼可貴可喜！

> 根深柢固難邊走，心胸曠達無他求；
>
> 與世獨立保清醒，橫渡急水不逐流。
>
> 你一直謹慎自守，從來不犯過得咎；
>
> 你堅持公正不阿，同天地一樣不朽。〔註15〕

接著是人稱的轉換，以第一人稱「我」來說出自己的心聲：願歲並謝，與長友兮。在此處作者的情感達到高潮。進而又轉以第二人稱，以平和的口吻表達自己對橘樹由衷的讚美。他說：

> 你美麗而不淫佚，剛直而合於正道。
>
> 你年紀雖然還小，大可以為人師表；
>
> 你行為好比伯夷，樹榜樣千古光照。〔註16〕

伯夷傳說是有名的愛國故事，作者以伯夷對比橘樹，也是對於橘樹不與世俗合流、忠於祖國、獨立不改精神的一種讚美。而作者說願與橘樹生死相交，也正是表達自己不隨波逐流、熱愛祖國的真摯感情。

〈李頌〉中，作者在表達「蘇世獨立」這一情懷時，也有如〈橘頌〉那樣直抒胸臆的句子，比如「嗟嗟君子，觀吾樹之容兮。豈不偕生，則不同兮。謂群眾鳥，敬而勿集兮」，作者比較直白地寫出桐樹不與他木偕生的特性，並告誡眾鳥要敬而遠之，因為桐樹是「眾木之紀」，是「鳳鳥之所集」之樹，這樣高貴的樹是其他普通鳥類不可以隨便棲息的。

另外，〈李頌〉的作者還用了對比的手法，以彰顯桐樹卓爾不群這一品質的可貴。〈李頌〉在描述了桐樹的外貌以及習性之後說：「守物強幹，木一心兮。違與它木，非與從風兮。」這句話顯然是將「木一心兮」和「非與從風」兩者進行對比。「豐華重光」固然是人人所喜愛的，但能夠專心不貳，不與世俗風氣同流，是難能可貴的。這一手法在〈橘頌〉中體現得並不明顯，但卻表達出了同樣的思想傾向。

## 四、從〈橘頌〉的年代、真偽說到〈李頌〉

關於〈橘頌〉的作者和寫作年代，向有異辭，大抵有早期說和晚期說兩種觀點。

早期說是當代學界的主流看法。這一觀點的論據主要有三種：一是以

---

〔註15〕董楚平：《楚辭譯注》，上海古籍出版社 2006 年版，第 168 頁。

〔註16〕同上。

「嗟爾幼志」、「年歲雖少」等句爲依據，如陳本禮《屈辭精義》據此推測〈橘頌〉是屈原「早年童冠時作」；二是以〈橘頌〉中沒有任何悲憤情緒爲據，郭沫若、譚戒甫、馬茂元等均以此爲據，金開誠也認爲〈橘頌〉中「洋溢著一種樂觀愉快、積極向上的精神。這樣一種精神狀態，不大可能是老年人的作品」〔註 17〕；三是以文體、句法的分析爲依據，如袁行霈先生主編的《中國文學史》延續胡念貽等人的說法：「〈橘頌〉當是屈原早期的作品，借詠物以述志……全篇比興，四言體，顯然是受《詩經》藝術手法的影響。」〔註 18〕另外趙逵夫先生將〈橘頌〉與《禮記·士冠禮》的相關記載相對照，認爲〈橘頌〉是「屈原行冠禮時有意效仿士冠禮祝辭所寫成」〔註 19〕。

　　晚期說一般認爲〈橘頌〉是屈原流放後所作，但也有認爲是在遭讒之後、流放之前這段時間所作。後一種觀點主要是依據「閉心自愼，終不失過兮」一句，如王夫之《楚辭通釋》即以此爲據。湯炳正先生則依據鄂君啓節和楚王子午墓出土文物等材料分析，得出〈橘頌〉寫於「頃襄王元年遭讒之後，以及被流放而猶未啓行之前」的結論〔註 20〕。前一種觀點，自王逸《楚辭章句》以來，諸如洪興祖、林雲銘、蔣驥等，當代學者如游國恩等，均認爲是屈原在流放後所作。錢玉趾先生將其具體落實到楚懷王三十年（前 299年）〔註 21〕。曹大中先生更進一步認定〈橘頌〉乃是「屈原一生主要精神矛盾——去留矛盾的最終總結」，是屈原的絕命詞〔註 22〕，對此有學者提出反對意見〔註 23〕。

　　無論是早期說還是晚期說，從某一角度都可自圓其說，但都不無臆測的成分。以「年歲雖少，可師長兮」爲例，許多學者多認爲是作者自比，從而斷定〈橘頌〉是屈原早期作品。但如果從另一角度分析，這句話也可以看成是作者通過讚美橘樹，表達自己對於橘樹崇高品德的仰慕之情。因此單純從文本或修辭角度並不能完全確定〈橘頌〉的寫作時間。湯炳正先生結合出土

〔註 17〕金開誠等校注：《屈原集校注》，中華書局 1996 年版，第 606 頁。
〔註 18〕袁行霈主編：《中國文學史（第二版）》，高等教育出版社 2005 年版，第 119頁。
〔註 19〕趙逵夫：《屈原與他的時代》，人民文學出版社 2002 年版，第 112 頁。
〔註 20〕湯炳正：《屈賦新探（修訂版）》，華齡出版社 2010 年版，第 48 頁。
〔註 21〕錢玉趾：《〈橘頌〉作時與象徵意義》，《雲夢學刊》2005 年第 6 期。
〔註 22〕曹大中：〈〈桔頌〉——屈原的絕筆〉，《求索》，1986 年第 2 期。
〔註 23〕李星：〈〈桔頌〉不是屈原的絕筆——與曹大中同志的六點辯難〉，《陝西理工學院學報》（社會科學版）1986 年第 3 期。

文物進行研究，對於研究屈原生平有重要價值，比如「屈原放逐……主要行程，全是走的楚國當時的交通幹線，邊疆要塞」這一結論，很有價值，但對於〈橘頌〉寫作時間的推論還是可以商榷的。因此，誠如姜亮夫先生所說，「文人有作，固可借物以寄其情，甚且融己以攝於物；然寄情之方至多，比附之術無限，必牽合一人一生行事之某某等類，恐多扞格不通之義，實成塗附不經之言」〔註 24〕，對於〈橘頌〉這樣不能確定寫作時間的作品進行思想內容分析，須持謹慎態度，不能偏執一詞。

學者不但對〈橘頌〉寫作年代的認識存在分歧，像陸侃如等學者甚至對〈橘頌〉的眞僞產生懷疑，認爲它並非屈原所作。究其緣由，在於〈橘頌〉的形式確實與《楚辭》的其他篇章存在差距。但是否就能因此否定屈原的著作權呢？答案恐怕是否定的。有學者進而認爲〈橘頌〉是一篇冠頌，亦即冠辭，是由擔任祝宗的屈原父親屈伯庸在主持屈原冠禮時所致的頌辭〔註 25〕；劉永濟先生則懷疑是「淮南小山之徒所爲，與〈招隱士〉爲同類之物，後人因與〈悲回風〉各篇雜入〈九章〉中，以足成九數也」〔註 26〕。

從前文的分析看，〈橘頌〉與〈李頌〉無論是在篇章結構、句式、修辭等方面，還是在思想旨趣上，都具有很多相似性，可以看出兩者是有著密切聯繫的。〈橘頌〉與〈李頌〉體現出了由詩體賦向騷體賦過渡的特徵，很有可能，它們是楚辭的較早形式。據曹錦炎先生對於句末語氣詞用字情況的分析來看，〈橘頌〉要比〈李頌〉晚一些〔註 27〕。準此，〈橘頌〉很可能就是模仿〈李頌〉這類楚辭作品而寫成的。雖然〈李頌〉的具體寫作時間尚難確定，但它的面世確乎能在某種層面上說明〈橘頌〉創作的早期性，也能進一步佐證〈橘頌〉並非後人的附會之作。

〔註 24〕 姜亮夫：《重訂屈原賦校注》，天津古籍出版社 1987 年版，第 531 頁。
〔註 25〕 吳郁芳：〈〈橘頌〉作者爲伯庸考〉，《江漢論壇》1985 年第 4 期。
〔註 26〕 劉永濟：《屈賦通箋・箋屈餘義》，中華書局 2007 年版，第 168 頁。
〔註 27〕 曹錦炎：〈上海博物館藏戰國楚竹書《楚辭》〉，《文物》2010 年第 2 期。

# 上博簡（八）楚辭類文獻草木意象初探
## ——以〈李頌〉〈蘭賦〉爲中心 [註1]

　　**摘要**：上博簡（八）楚辭類文獻爲我們考察楚辭的草木意象提供了新的材料。〈李頌〉歌詠的對象是梧桐，而非李樹。〈李頌〉一篇，在句式結構、表現手法等方面與〈橘頌〉存在相似之處。作者通過表現梧桐的高潔品格，寄託自己的精神理想。梧桐的基本意象特徵，在〈李頌〉中已經出現，在後世得到了傳承。〈蘭賦〉表現了空谷幽蘭的意象，結合孔子故事及有關文獻，我們能夠更加準確地理解〈蘭賦〉的思想內涵。〈蘭賦〉通過敘寫蘭的堅貞品質，表現作者所追求的人格精神。後世詩文中的幽蘭意象，在〈蘭賦〉中已經基本定型。

　　〈離騷〉、〈九章〉、〈九歌〉等篇目向來被視作屈原的作品，它們也是《楚辭》中最引人注目的篇章。在屈原筆下，香草美人寄寓高潔清芳的美德，穢草惡木則隱喻奸邪與醜惡。無論香草君子之義還是惡草奸佞之喻，林林總總的植物意象都被賦予了各自的意涵。上博簡第八冊所刊布的〈李頌〉、〈蘭賦〉等楚辭體文獻，展現了梧桐、蘭等植物意象，且寄寓作者的道德理想，實與屈原賦一脈相承。筆者試爬梳〈李頌〉、〈蘭賦〉兩篇所見植物意象，以探究其藝術價值與思想內容。本文所引釋文參考了曹錦炎 [註2]、陳民鎭 [註3] 等先生的意見，以下不一一注明。

---

〔註1〕　本篇作者爲張彩華。
〔註2〕　馬承源主編：《上海博物館藏戰國楚竹書（八）》，上海古籍出版社 2011 年版。
〔註3〕　參見本書上編《集釋》。

## 一、〈李頌〉與梧桐意象

　　〈李頌〉原無篇題，整理者曹錦炎先生擬題作「李頌」，顯然是注意到了其與《楚辭・九章・橘頌》的聯繫。〈李頌〉與〈橘頌〉，無論是形式還是內容，都存在高度的相似性。〈橘頌〉一篇，學者多認爲是屈原託物言志之作。洪興祖曰：「美橘之有是德，故曰頌。」汪瑗評價洪興祖的意見時說「其說是矣」，並引《詩經・大序》說「頌」「所謂美盛德之形容也」。奚祿詒則說：「此篇賦而比也。頌者，容也，所以形容其美也。」〔註4〕以上看法大致點明了「頌」的涵義。細讀其文，清人林雲銘一語道破：「兩段中句句是頌橘，句句不是頌橘，但見原與橘分不得是一是二，彼此互映，有鏡花水月之妙。」歌詠對象橘樹已然不是單純的自然客體，而是寄寓作者精神理想的載體。

　　我們再來看〈李頌〉。〈李頌〉通過歌詠桐樹的美德來強調作者所追求的高潔品格，這與〈橘頌〉如出一轍。二者的聯繫還體現在句式結構、表現手法等方面，以下略作討論。

　　首先看句式結構。

　　從整體篇幅看，〈李頌〉35 短句，共 171 字，以四言句爲主，伴雜有五言、六言等。〈橘頌〉36 短句，152 字，主要是整齊的四言句，少量五言句，較〈李頌〉顯得更爲規整。

　　具體來說，〈李頌〉大部分是肯定句或表示肯定的句子，亦夾雜了不可忽視的部分否定句式，如「亟植兼成，厚（？）其不還兮。深利終（？）豆，亢其不貳兮」、「豈不偕生，則不同兮。謂群眾鳥，敬而勿集兮」、「違與它木，非與從風兮」等，這些否定句強調了桐樹的堅貞品格。在〈橘頌〉中，否定句或表示否定意思的句子，卻幾乎佔了一半以上〔註5〕。換句話說，〈橘頌〉以否定句式爲主，摻雜些許肯定句式。諸如「受命不遷，生南國兮。深固難徙，更壹志兮」、「紛縕宜修，姱而不醜兮」等句，〈橘頌〉凡 18 句，此類句式已占了 10 句，更能凸顯出橘樹倔強不屈的意志。

　　再看二者的表現手法。

　　從語言特點看，二者存在顯著的共性。均使用語氣詞「兮」，且均在句末。〈李頌〉言約意豐，簡易樸素。〈橘頌〉詞旨意遠，華約綽麗，富有美感。

---

〔註4〕　本文所引楚辭注家觀點均參見崔富章、李大明主編《楚辭集校集釋》（湖北教育出版社 2003 年版），以下不再說明。

〔註5〕　郭建勳：《辭賦文體研究》，中華書局 2007 年版，第 186 頁。

　　〈李頌〉開篇先介紹桐樹的整體形象，對它的生長環境、品性作了素描，接著細述桐樹的樹幹、枝葉、繁花，並與「榛棘」、「眾木」、「它木」相比，同時借群鳥與鳳凰的映襯，進一步烘託出梧桐出類拔萃的超凡氣度。「木斯獨生」，甚至「亂本曾枝」仍難阻擋梧桐茁壯成長，毀損梧桐的美好節操。「豈不偕生，則不同兮」，恪守自己節操，不隨波逐流。從「嗟嗟君子」一句，又使梧桐與君子相聯繫，借梧桐讚君子，用司馬遷的話是「皭然泥而不滓者也。推此志也，雖與日月爭光可也」（《史記‧屈原賈生列傳》）。

　　屈原〈橘頌〉同樣具體寫橘樹的一葉一花一果一根，提及特殊生長環境──南國。盡管兩篇同用對比、比喻等手法以及否定句式，但屈原並沒有將橘與「它木」作比較，擬人化意味更濃，畫樹更像是寫人，人與樹水乳交融，分不清楚寫人還是畫樹。〈李頌〉出現後，〈橘頌〉「賦物之祖」（胡文英語）的地位受到動搖，然其作爲「古代詠物詩的範例」〔註6〕，卻是毋庸質疑的實至名歸。

　　古人有鳳凰非梧桐不棲的說法。《詩經‧大雅‧卷阿》曰：「鳳皇鳴矣，于彼高崗，梧桐生矣，于彼朝陽。」鄭箋云：「鳳皇鳴於山脊之上者，居高視下，觀可集止，喻賢者待禮乃行，翔而後集……鳳皇之性，非梧桐不棲，非竹實不食。」沒有明確提出鳳皇非梧桐不棲。〈李頌〉則說：「鳳鳥之所集，竢時而作兮。」意思是梧桐樹是鳳凰聚集棲息的地方，鳳鳥在這裏等待時機飛翔。〈李頌〉以梧桐寄寓自己清高的志向，至於鳳凰的意象，同樣表達了這一旨趣。《莊子‧秋水》則云：「夫鵷雛，發於南海而飛於北海，非梧桐不止，非練實不食，非醴泉不飲。」鳳凰擇良木而棲，「挑剔」水源與食物，使鳳凰的象徵意義更加鮮明，梧桐作爲良木的品質也被烘襯出來。

　　到六朝時，詠桐的現象更爲普遍。蕭子良〈梧桐賦〉、王融〈應竟陵王教桐樹賦〉、傅咸〈梧桐賦〉、劉義恭〈桐樹賦〉等都未出鳳棲梧桐的拘囿，卻實現了「心智與物象之契合」。這些是蕭子良率西邸文人所作的辭賦。以蕭子良〈梧桐賦〉爲例：「發雅詠於悠昔，流素賞之在今。必鸞鳳而後集，何燕雀之能臨。」表現了作者以鸞鳳自居，不屑與燕雀爲伍，追求「發雅詠」，「流素賞」，皇族的驕傲情懷顯然可見〔註7〕。在唐詩中，梧桐的文化蘊涵更爲豐富多樣，有學者從鄉情、友情、愛情三個方面來探討唐詩中梧桐意象的情感

〔註6〕董楚平：《楚辭譯注》，上海古籍出版社 2006 年版，第 167 頁。
〔註7〕郭建勳：《辭賦文體研究》，中華書局 2007 年版，第 185 頁。

意義〔註8〕。元稹〈桐孫詩〉云:「去日桐花半桐葉,別來桐樹老同孫。城中過盡無窮事,白髮滿頭歸故園。」詩人借助梧桐開花變老的種種意象表達對家園的思念。梧桐是製作古琴的絕好材料,白居易將梧桐當做好友與之進行對話:「笑問中庭老桐樹,這回歸去免來無?」(〈商山路驛桐樹昔與微之前後題名處〉)因鳳凰非梧桐不棲,也被人們看做是對愛情的堅貞不渝。李商隱〈丹丘〉:「丹丘萬里無消息,幾對梧桐憶鳳凰。」梧桐被發掘出更多的內涵。除此之外,尚有君子意義、悲秋主題、吉祥意義、宗教和民俗意涵等。而當我們追溯梧桐意象的源頭,至少在〈李頌〉中,梧桐的基本意象特徵已經出現。

## 二、〈蘭賦〉與幽蘭意象

從上博簡〈蘭賦〉現有的文字看,其大篇幅敘述蘭惡劣的生長環境,以此來讚頌蘭堅毅秉德,芳潔無損的節操。提到蘭的品行,我們不妨先來梳理一下〈蘭賦〉之前文獻中有關蘭的記載。

先從《詩經》開始,《詩經・鄭風・溱洧》云:「溱與洧,方渙渙兮。士與女,方秉蕳兮。女曰觀乎?士曰既且。且往觀乎?洧之外,洵訏且樂。維士與女,伊其相謔,贈之以勺藥。」所謂「蕳」,也就是「蘭」。對於這裏的「蘭」,有學者認為是蘭科植物,也有學者認可較早的看法,即「蘭」是蘭草,與今天看到的蘭花無關。據陳民鎮師兄研究,〈蘭賦〉中的「蘭」是「幽蘭」,並且進一步說明先秦的「蘭」是蘭草。無論如何,〈溱洧〉中的「蘭」是男女約會時相贈之物,表達喜愛情愫,與芍藥功用相同,是「蘭」作為香草的實際功用。

《左傳》宣公三年載:「初,鄭文公有賤妾曰燕姞,夢天使與己蘭,曰:『余為伯鯈。余,而祖也,以是為而子。以蘭有國香,人服媚之如是。』既而文公見之,與之蘭而御之。辭曰:『妾不才,幸而有子,將不信,敢徵蘭乎?』公曰:『諾。』生穆公,名之曰蘭。……穆公有疾,曰:『蘭死,吾其死乎,吾所以生也。』刈蘭而卒。」杜預注云:「懼將不見信,故欲計所賜蘭,為懷子月數。」這裏把蘭與諸侯的生死聯繫到一起,籠罩著濃厚的神秘色彩。周建忠先生以蘭圖騰來解釋這種文化現象〔註9〕。圖騰崇拜是先民的

---

〔註8〕 劉紅海、高萍:〈唐詩中梧桐意象的情感意義〉,《湖南人文科技學院學報》2005年第3期。

〔註9〕 周建忠:〈「蘭意象」原型發微——兼釋《楚辭》用蘭意象〉,《東南文化》1999年第1期。

一種信仰，往往與祖先崇拜有關。我們也難以找到充分的證據，說明鄭國或鄭國王室有蘭圖騰的崇拜現象。從《左傳》的記載可知蘭確實香味獨特，有「國香」之譽，可解釋孔子何以稱蘭為「王者香」。

孔子與蘭的佳話千古相傳。《樂府詩集·琴曲歌辭二》引〈琴操〉：「〈猗蘭操〉，孔子所作。孔子歷聘諸侯，諸侯莫能任。自衛反魯，隱谷之中，見香蘭獨茂，喟然歎曰：『蘭當為王者香，今乃獨茂，與眾草為伍。』乃止車，援琴鼓之，自傷不逢時，託辭於香蘭云。」孔子的喟歎與〈蘭賦〉所描述的情狀何其相似！所謂〈猗蘭操〉，其文曰：「習習谷風，以陰以雨。之子于歸，遠送于野。何彼蒼天，不得其所。逍遙九州，無所定處。時人暗蔽，不知賢者。年紀逝邁，一身將老。」這段歌辭未必可信，但以上孔子故事在《荀子》等典籍中可以得到佐證。通過所謂的〈猗蘭操〉，我們看到空谷中的幽蘭被滲透了人的情感，模糊的人格開始在蘭身上綻露。身處幽谷、經受風雨、無人欣賞的蘭與周遊列國、失意落魄而歸的孔子，達到驚人的契合。孔子找到了宣泄的窗口，將滿腔抑鬱之情透過蘭噴發出來。

除〈猗蘭操〉的故事外，《孔子家語·六本》載孔子語：「與善人居，如入芝蘭之室，久而不聞其香，即與之化矣；與不善人居，如入鮑魚之肆，久而不聞其臭，亦與之化矣。」將蘭的品性與成長環境創造性地聯繫起來。如果說〈猗蘭操〉是孔子遇蘭有感而發，觸蘭抒情，那麼在《孔子家語》的記載中，蘭已被賦予人的品格。深谷幽蘭的品質被用來象徵不因惡劣環境而改變、堅持追求理想、秉持高潔情操、矢志不渝的君子之德，也暗含了孔子的自勉自勵。「入芝蘭室」所體味到的「蘭香」，是君子散發出來的醇正高尚美德，經常與君子接觸，耳濡目染，潛移默化，如坐春風。「蘭」的人格化進程中，孔子（至少是以上文獻中的孔子形象）的作用舉足輕重，至為關鍵。無論這些記載是否可信，孔子與蘭存在不解之緣，則當肯定。前文已經提到，〈李頌〉的最後一段是「是故聖人兼此和物以理人情，人因其情則樂其事，遠其情……是故聖人速兼此」，蒙陳民鎮師兄見告，由於〈蘭賦〉與〈李頌〉一起書寫，這些文字也可能針對兩篇而發。準此，文中的「聖人」則可能就實指孔子了。

在《楚辭》中，「蘭」被反覆敘說。張崇琛先生對「蘭」專門作過具體統計：《楚辭》中「蘭」字凡 42 見，其中〈離騷〉10 見，〈九歌〉11 見，〈九章〉2 見〈招魂〉6 見；若以類分之，則「秋蘭」3 見，「蘭芷」7 見，「椒蘭」2 見，

都 25 類〔註 10〕。在《楚辭》中，「蘭」一方面寄寓了屈原的道德理想，另一方面「蘭」在當時社會生活中高頻曝光，且以不同面貌呈現。〈招魂〉：「蘭膏明燭，華鐙錯些。」「蘭膏」指蘭草煉成的燈油。〈湘君〉：「薜荔柏兮蕙綢，蓀橈兮蘭旌。」「蘭旌」指用蘭裝飾的旌旗。〈東皇太一〉：「蕙肴蒸兮蘭藉，奠桂酒兮椒漿。」「蘭藉」是蘭葉做的墊子。〈雲中君〉：「浴蘭湯兮沐芳，華采衣兮若英。」所謂「浴蘭湯」，指齋戒前用蘭草沐浴。至於「紉秋蘭以爲佩」，則是指用蘭作佩環裝飾。可以說，蘭成爲貴族生活的標誌，是楚國宮廷日常生活、宗教活動時常用之物。《楚辭》對植蘭種蘭的行爲也有表現。〈離騷〉說到：「余既滋蘭之九畹兮，樹蕙之百畝。」董楚平先生《楚辭譯注》認爲這裏栽香草喻指培植英才〔註 11〕。總之，屈原時代「蘭」已深入人心，它具備貴族氣質，被人們喜愛、讚賞和使用。回到〈蘭賦〉，我們或許可以體會到這篇小賦在蘭文化形成中不可忽略的作用。或許〈蘭賦〉能解決從春秋時代星星蘭點，到屈原時代爆發式的蘭園，這之間突兀的變化。細讀〈蘭賦〉，作者的著重點是描寫蘭所生長的環境是何等惡劣，將蘭放到自然界中，「……旱，雨露不降矣。日月失時，稊稗茂豐」，「螻蟻虺蛇，親眾秉志」，久旱不雨，稊稗瘋長，而蘭選擇幽僻之處，仍秉持其芳潔的操守。而螻蟻虺蛇這樣的蟲蛇卻「親眾」，以此作爲反襯，更凸現蘭的品性。

　　從章節句式看，〈猗蘭操〉全是整齊的四言句，用的是《詩經》體式，不少句子直接化用《詩經》的文句。《楚辭》各篇長短不同，除〈天問〉以四言爲主外，其它基本是「兮」字句型，或六言、七言、八言，換言之，它們更爲自由錯落。〈蘭賦〉則是四言句與雜、長言相間並用，筆者認爲它表現了早期辭賦的特點。郭建勳先生曾指出：「賦體文學對《詩經》形式的接受，除了在賦作中普遍地使用四言句外，便集中體現在以四言爲基本句式的詩體賦上。」〔註 12〕〈蘭賦〉四言與雜言參半，駁雜的句式透漏出早期賦體不成熟的一面。擺脫了《詩經》重章疊唱，顯得愈加自在散漫；篇幅自不能與鴻篇巨製的〈離騷〉相比，「……搖落而猶不失厥芳，芳盈芯（？）彌（？）而達聞於四方」、「容則簡逸而莫之能效矣，身體重（？）靜（？）而目耳勞矣，

---

〔註 10〕張崇琛：〈楚辭之「蘭」辨析〉，《蘭州大學學報》（社會科學版）1993 年第 2
　　　　期。
〔註 11〕董楚平：《楚辭譯注》，上海古籍出版社 2006 年版，第 167 頁。
〔註 12〕郭建勳：《辭賦文體研究》，中華書局 2007 年版，第 21 頁。

處（？）位懷（？）下而比擬高矣」等句則可以看到屈原賦的影子。

　　根據〈琴操〉的記載，孔子遇蘭有感，稱蘭當爲「王者香」，三字囊括，蘭在〈猗蘭操〉只是個引子，屬於《詩經》中起興手法。《孔子家語》中的「芝蘭之室」，芝蘭暗喻君子。在〈蘭賦〉中，作者關於使用對比反襯。屈原賦中這種情況更爲普遍，如「蘭花香草」與「薋菉葹」等惡草臭物相對，耿介堯舜與「偸樂黨人」相對，「練要爲娉」與」馮不厭者」相對，不勝枚舉。

　　綜上所述，無論是思想感情還是形式結構方面，〈蘭賦〉與後來的辭賦都存在血脈聯繫。在考察蘭文化的孕育與成長過程時，〈蘭賦〉的材料顯然彌補了空白。〈蘭賦〉不僅讚美蘭，更是把注意力轉移到空谷幽蘭旺盛的生命力上。這易活堅貞的「王者香」，怎能不引起人們培植觀賞的欲望？我們可以看到，在先秦時期已經有了培育蘭文化的土壤，爲蘭文化形成提供了可能性。

## 三、結　語

　　通過對〈李頌〉與〈蘭賦〉中草木意象的討論，我們知道梧桐與蘭的基本意象特徵在先秦已經形成。在梧桐和蘭的身上，我們看到了作者所寄託的精神理想。「藝術的任務是在創造意象，但是這種意象必定是受情感飽和的」〔註13〕。梧桐和蘭是堅貞品格的象徵，與此相應，榛棘、稊稗等植物意象則構成了反面的烘託。在《楚辭》中，「香草美人」或者鳥獸草木是重要的意象，比德於「香草美人」是屈原賦的重要手法。在〈李頌〉與〈蘭賦〉中，我們都能看到這些現象。楚辭中的意象，前人作過不少研究〔註14〕。而上博簡（八）楚辭類文獻的出現，進一步豐富了這方面的材料。

〔註13〕　朱光潛：〈談文學〉，《朱光潛美學文集》第一卷，上海文藝出版社 1982 年版，
　　　　　第 513 頁。
〔註14〕　參見羅建新〈楚辭意象研究綜述〉，《中國文化研究》2011 年秋之卷。

# 略說上博簡〈凡物流形〉的性質 [註1]

　　**摘要**：上博簡〈凡物流形〉爲我們提供了追問宇宙生成的新文本，進一步展現了「發問的哲學」。〈凡物流形〉並不能算是楚辭類文獻，從思想傾向看應該屬於黃老學說。篇中展現出的「一」值得我們重視。

　　上博簡〈凡物流形〉展現出與《楚辭·天問》相近的一面，整理者認爲其爲楚辭類文獻 [註2]，也有學者將其與〈天問〉進行比較研究 [註3]。事實上，〈凡物流形〉從形式上看雖與〈天問〉相近，但從本質上看應當是一篇黃老學說的文獻 [註4]。本文試就〈凡物流形〉所見宇宙論、「發問」的形式以及關鍵的「一」作一討論，以進一步明確該篇的性質，進而揭櫫中國上古哲學的詩性言說方式。

## 一、〈凡物流形〉的宇宙觀

　　還得從〈天問〉說起。

---

〔註1〕　本篇作者爲陳民鎮。

〔註2〕　曹錦炎：〈上海博物館藏戰國竹書《楚辭》〉，《文物》2010 年第 2 期。

〔註3〕　湯漳平：〈〈天問〉與上博簡〈凡物流形〉之比較〉，《福建論壇》（人文社會科學版）2010 年第 12 期；陳桐生：〈楚辭五體源流論〉，《學術研究》2012 年第 2 期。

〔註4〕　這一點，已有學者強調。參見王中江〈〈凡物流形〉的宇宙觀、自然觀和政治哲學——圍繞「一」而展開的探究並兼及學派歸屬〉，《哲學研究》2009 年第 6 期；曹峰〈上博楚簡〈凡物流形〉的文本結構與思想特徵〉，《清華大學學報》（哲學社會科學版）2010 年第 1 期。

　　〈天問〉無疑是一篇詭譎獨異的作品，不但在《楚辭》中是特出的一篇，即便是在中國古代的詩歌長河中，它都是超邁絕倫的篇章。作者（一般認爲是屈原）一口氣提出一百七十餘個問題，自宇宙生成、山川神怪以至列國代興，氣勢宏大，包羅萬象，實乃千古傑構之作。

　　許多學者相信，〈天問〉是就壁畫而發問的。而其中敘述史事的部分，由於保存了許多鮮見的線索，具有極高的史料價值〔註5〕。江林昌師認爲，〈天問〉是現今所見先秦時期一部僅有的綜合性的中華民族史詩〔註6〕。這首長詩大體可以分爲三個部分，第一部分問天，第二部分問地，第三部分問人。概而言之，〈天問〉分別記敘天地山川與先秦史事。與歷史有關的內容固然可以證經補史，而與宇宙生成有關的文字〔註7〕，則是反映當時人們形而上思想的絕佳材料。

　　雖然〈天問〉並沒有爲我們敘述作者眼中的宇宙生成圖式，也沒有揭示作者眼中的造物主，但我們仍可以一窺這些奇詭問句背後的宇宙生成模式：在天地造分之前，無形無名，馮翼混沌，陰陽二氣的推動之下，宇宙遂得化育衍生。這裏宇宙生成之前的狀態以及陰陽二氣的角色，需要我們注意。這個過程是否有終極的原動力呢？作者只問未答，我們不得而知。

　　〈天問〉開篇所反映的宇宙生成論雖不明確，卻是中國古代的一種典型宇宙生成論。畢竟屈原的思想難以被明確劃入任何學派，他的觀念很可能反映了當時人們（至少是楚國）的一般認識。但〈天問〉並沒有給我們提供完整的宇宙生成圖景，在一連串問號的背後，我們仍然難以窺及創造宇宙的至高存在。或許作者的確不知道宇宙生成的原動力究竟爲何，當然，作者的心中也有可能早就準備好了答案。

　　無獨有偶，在上博簡第七冊公佈的楚竹書中，有一篇題爲〈凡物流形〉的韻文（分甲、乙本），其上半篇無論是形式還是內容，與〈天問〉均有相似之處：

---

〔註5〕　江林昌師：《楚辭與上古歷史文化研究——中國古代太陽循環文化揭秘》，齊魯書社1998年版，第259頁；〈〈天問〉所見古史傳說及其意義〉，《荊州師專學報》（社會科學版）1996年第3期。

〔註6〕　江林昌師：〈詩的源起及其早期發展變化——兼論中國古代巫術與宗教有關問題〉，《中國社會科學》2010年第4期。

〔註7〕　參看江林昌師〈〈天問〉宇宙神話的考古印證和文化闡釋〉（《文學遺產》1996年第5期）的討論。

　　凡物流形，奚得而成？流形成體，奚得而不死？既成既生，奚顧而鳴？既本既根，奚後【1】之奚先？陰陽之處，奚得而固？水火之和，奚得而不危？

　　問之曰：民人流形，奚得而生？【2】流形成體，奚失而死？有得而成，未知左右之情。天地立終立始：天降五度，吾奚【3】衡奚縱？五氣竝至，吾奚異奚同？五言在人，孰爲之公？九圉出謀，孰爲之逢？吾既長而【4】又老，孰爲薦奉？鬼生於人，奚故神明？骨肉之既靡，其智愈彰，其慧奚適，孰知【5】其疆？鬼生於人，吾奚故事之？

　　骨肉之既靡，身體不見，吾奚自食之？其來無度，【6】吾奚時〔註8〕之窒（？）〔註9〕祭員奚阱？吾如之何使飽？順天之道，吾奚以爲首？吾欲得【7】百姓之和，吾奚事之？戠（？）〔註10〕天之明奚得？鬼之神奚食？先王之智奚備？

　　問之曰：阱【8】高從埤，至遠從邇。十圍之木，其始生如藥。足將至千里，必從寸始。日之有【9】珥，將何聽？月之有暈，將何征？水之東流，將何盈？日之始出，何故大而不炎？其日【10】中，奚故小而方彰？

　　屬問：天孰高歟？地孰遠歟？孰爲天？孰爲地？孰爲雷【11】神？孰爲帝？土奚得而平？水奚得而清？草木奚得而生？【12A】禽獸奚得而鳴？【13B】夫雨之至，孰唾津之？夫風之至，孰閉（？）歔（？）〔註11〕而逆之？……【14】

---

〔註8〕　有學者讀作「待」，然「時」自有等待義。

〔註9〕　該字簡文作「⿱宀至」，整理者隸作「窒」，認爲是「塞」字異體，指酬神。復旦讀書會改釋爲「窒」，學者或讀作「祝」，或讀作「竈」，或讀作「奧」，或讀作「窟」，或讀作「隋」，或讀作「屢」，或讀作「櫨」，或認爲從「付」聲。有關斷句問題亦多分歧，多將該字屬上讀，或屬下讀。

〔註10〕該字簡文作「⿰」，整理者釋作「敓」，其他學者或以爲「造」字異構，或讀作「通」，或讀作「旻」，或讀作「重」。叢劍軒先生認爲該字從攴昏聲，較有道理，參見氏著〈也說〈凡物流形〉的所謂「敬天之明」〉，武漢大學簡帛研究中心網站，2009年1月17日。按簡2的「𦐇」字作「⿰」，所從「昏」可以相較，可暫隸作「戠」。

〔註11〕參見王凱博先生在武漢大學簡帛研究中心網站簡帛論壇所提意見，2014年4月12日。

本篇（分甲、乙本）釋文係由曹錦炎先生整理〔註12〕，自刊佈以來，學者就其文字釋讀與竹簡編聯提出了許多很好的意見，澄清了一些疑悟，同時仍遺留了不少問題。以上寬式釋文便是在整理者釋文的基礎上，以甲本爲主，結合諸家意見重新擬定的〔註13〕。

　　竹書原有篇題，題諸甲本簡3簡背，蓋撮首句而成。所謂「凡物流形，奚得而成」，劈頭第一問，猶如〈天問〉的「曰遂古之初，誰傳道之」。「凡」字的釋讀，雖有學者提出異說，然仍當以「凡」爲準。復旦大學出土文獻與古文字研究中心研究生讀書會（以下簡稱「復旦讀書會」）據《周易》「品物流形」之文，徑讀作「品物流形」〔註14〕。季旭昇先生作了進一步強調，指出「凡」與「品」音義俱近，凡（奉紐侵部）、品（滂紐侵部），音近可通；其義，「凡」有最括、總舉之意，「品」有眾庶、眾物之意，實亦相近〔註15〕。「流形」之「流」，整理者指出意謂液體移動，亦泛指物體移動。顧史考先生指出郭店楚簡〈太一生水〉以「水」爲天地萬物之源，戰國諸子之著亦多以「氣」的概念來形容萬物生命之根源，此一「流」字亦同樣顯現出宇宙氣體在形成天地萬物過程中的重要性〔註16〕。林志鵬先生在顧史考先生「範物流型」看法的基礎上進一步論證該句實以鑄冶喻自然之造化、萬物之生成〔註17〕，此說亦值得重視。「流形」一語，可參見《易・乾》的「雲行雨施，品物流形」、《禮記・孔子閒居》的「風霆流形」、《管子・水地》的「男女精氣合，而水流形」。「流」可訓「化」〔註18〕，《廣雅・釋詁三》：「流，化也。」

〔註12〕本文所引〈凡物流形〉整理者說法均據馬承源主編《上海博物館藏戰國楚竹書（七）》，上海古籍出版社2008年版。不復說明。

〔註13〕限於篇幅，諸家意見不一一說明，具體可參見顧史考先生〈上博簡〈凡物流形〉初探〉（《國立臺灣大學哲學評論》第38期，2009年10月）、劉中良〈上博楚竹書〈凡物流形〉研究〉（三峽大學碩士學位論文，2011年4月）的徵引。

〔註14〕復旦大學出土文獻與古文字研究中心研究生讀書會：〈《上博（七）・凡物流形》重編釋文〉，復旦大學出土文獻與古文字研究中心網站，2008年12月31日。以下所引復旦讀書會關於〈凡物流形〉的意見均據該文。

〔註15〕季旭昇：〈上博七芻議三：凡物流形〉，復旦大學出土文獻與古文字研究中心網站，2009年1月3日。

〔註16〕（美）顧史考：〈上博簡〈凡物流形〉初探〉，《國立臺灣大學哲學評論》第38期，2009年10月。

〔註17〕林志鵬：〈上博楚竹書〈凡物流型〉首句試解〉，孔子2000網「清華大學簡帛研究」專欄，2013年7月8日；《學燈》第27期。

〔註18〕季旭昇先生已有強調，參見氏著〈上博七芻議三：凡物流形〉，復旦大學出土文獻與古文字研究中心網站，2009年1月3日。

「七」即「化」，王念孫《廣雅疏證》有所申說。廖名春先生則訓「具、生」，指出「流形」即「具有形質」〔註19〕。按「流形」意謂化生形體。另「充」與「毓（育）」古音接近，字形亦存在聯繫〔註20〕。《爾雅‧釋詁下》：「育，長也。」《呂氏春秋‧祭賢》：「雪霜雨露降時，則萬物育矣。」高注云：「育，成也。」《淮南子‧原道訓》：「是故春風至則甘雨降，生育萬物。」高注云：「育，長也。」可以參看。從意義上講，簡文的「流」讀作「育」也是有可能的。按「育形」見諸《雲笈七籤》卷八、卷一百一：「育形為人。」然辭例晚出，未可驗證。

　　「凡物流形」至「奚得而不危」一節，所問的對象即宇宙萬物的情狀，亦可由此窺及作者宇宙生成的觀念。本節的核心即所謂「物」。「物」可作為宇宙萬物的總名。《說文》云：「物，萬物也。」具體而言，「物」可指具體事物乃至鬼神。本節的「物」，當與下節的「人」對言，是相對人類而言的客觀世界。從具體的內容看，此處的「物」當是宇宙的基本構成。本節問：客觀世界被賦予形體（「體」較「形」更進一步），因何而形成？又因何而不歸於滅亡？動物生成之後，因何發出聲響？植物既生，孰先孰後？陰與陽列處宇宙，因何而穩固不頗？水火和諧相處，因何而不衰？這裏有幾點需要交代。所謂「不死」，主體是「物」，這是與下節人類趨於「死」是相對的。可見作者認為客觀物質世界是不滅的。此其一。「既成既生，奚顧而鳴」一句，論者尚有爭議。其中「顧」字簡文寫作「募」，整理者讀作「呱」，訓小兒哭聲。復旦讀書會讀作「顧」〔註21〕。按「顧」、「寡」相通，楚簡習見（如清華簡「祭公之顧命」），可信。整理者將「鳴」解釋作嬰兒鳴叫，陳偉先生讀作「名」〔註22〕，陳先生之說似亦有道理。筆者以為，此處的「鳴」當如字讀。「既成既生，奚顧而鳴？既本既根，奚後之奚先」兩句，筆者認為當聯繫下文的「草木得之以生，禽獸得之以鳴」，「既成既生」的主語是動物，與下文植物「既本既根」相對。此其二。「既本既根，奚後之奚先」，實際上發出了類似先有

---

〔註19〕廖名春：〈〈凡物流行〉校讀零箚（一）〉，孔子2000網「清華大學簡帛研究」專欄，2008年12月31日。

〔註20〕李家浩：〈楚簡所記楚人祖先「毓（鬻）熊」與「穴熊」為一人說〉，《文史》2010年第3輯，中華書局2010年版，第11頁。

〔註21〕亦參見廖名春〈〈凡物流行〉校讀零箚（一）〉，孔子2000網「清華大學簡帛研究」專欄，2008年12月31日。

〔註22〕陳偉：〈讀〈凡物流形〉小札〉，武漢大學簡帛研究中心網站，2009年1月2日。

雞還是先有蛋的疑問，更進一步，則是關於生與死的辨難。此其三。「陰陽之處」，所謂陰陽，實際上是構成宇宙的兩元。「處」寫作「尻」，目前大多數學者認爲，該字在楚文字中相當於「處」。「陰陽之處，奚得而固」正是問陰與陽構營世界，陳於宇宙，因何而穩固。此其四。「危」簡文寫作 ，整理者認爲是「厚」的古文，學者多認爲與「坐」、「危」有關。按該字亦見諸簡 26，正可讀作危。此處可讀「危」，《廣雅·支韻》：「危，不正也。」「不危」相當於前文的「固」。另此處的「危」或可讀作「虧」，二者古音相近，且文獻中有不少例證〔註23〕，「不虧」一語，古籍習見。「不虧」可理解作不損、不衰。此其五。本節先總問宇宙萬物之生，次問動植物之存亡，再問陰與陽、水與火兩組對立關係的共存——這兩組對立的事物都是構成物質世界的元素。

下一節以「問之曰」開端。「問」字，簡文寫作「昏」。按「昏」在楚簡中既大量通作「問」，亦每每讀作「聞」。職是之故，有學者認爲當作「聞之曰」。「聞之曰」的讀法，在〈凡物流形〉的下半部分是可以成立的，但前半篇的問句，當以「問之曰」爲宜。可見，與〈天問〉一樣，〈凡物流形〉前半篇同樣突出一個「問」。至於「問之曰」的「曰」，則不能與〈天問〉開篇「曰遂古之初」的「曰」同日而語。

第二節所問，乃人間社會與鬼神之事。與問宇宙萬物一樣，作者問「民人流形，奚得而生」，繼而問「流形成體，奚失而死」——是爲人與「物」的最大不同。蓋人類終有一天會死去，而作者心目中，客觀世界卻是「不死」的。緊接著，作者問及縱橫、異同之辨，涉及「左右」、「五度」、「五氣」、「五言」、「九圍」等概念，大抵是人間社會之事。繼而作者突發「吾既長而又老，孰爲薦奉」之問，已經涉及到人類生老病死的問題。接下來作者花了很大的篇幅討論鬼魂之事，涉及人死後的世界，是與前文「奚失而死」的疑問相照應的。在作者的心目中，「鬼」出自人，人死後成鬼。且鬼是「神明」的，儘管人死之後肉體不存，但鬼的智慧卻是超出凡人，甚至「其慧奚適，孰知其疆」。接下來作者問及祭祀之事，鬼對祭品的享用、鬼的不定行蹤等等，均讓作者疑惑不已，作者的鬼神觀念值得重視〔註24〕。

〔註23〕高亨纂著，董治安整理：《古字通假會典》，齊魯書社 1989 年版，第 447 頁。
〔註24〕葉樹勳：〈上博楚簡〈凡物流行〉的鬼神觀探究〉，《周易研究》2011 年第 3 期；陳麗桂：〈從〈凡物流行〉的鬼神觀談起——兼論〈鬼神之明〉〉，臺灣《哲學與文化》第 39 卷第 4 期，2012 年 4 月。

　　第三節既有「十圍之木，其始生如蘖。足將至千里，必從寸始」這樣的格言〔註25〕，又有對日珥、月暈〔註26〕的追問，也有對海洋接受江河的注入卻不見溢出的疑惑〔註27〕，以及關於太陽運行規律的疑問〔註28〕。

　　第四節繼續就自然萬物發問。作者問天高幾何，地廣幾何；又問「孰爲天？孰爲地」，當是在追問天地的創造者，實際上也是在追問宇宙的創造者；繼而問誰是雷神、上帝──「雷神」、「帝」的釋讀尚有爭議（或作「雷電」、「霆」），如果所釋不誤，對「帝」的追問無疑具有重要意義；繼而問土、水、草木、鳥獸，廣至自然萬物；對風、雨形成的認識，則是樸素的神話觀念。

　　通過對照〈天問〉前面部分與〈凡物流形〉上半篇，我們可以發現，在內容上，二者均對宇宙始源、天地山川進行發問。〈凡物流形〉的一個特點是，對鬼神、祭祀之事也進行了發問，這是〈天問〉所沒有的，也是在以祭祀爲大的社會背景下難以想像的懷疑精神。在形式上，二者均是較嚴謹的韻文，也都以四字句爲主。在形式與內容兩個方面，二者均有天然的聯繫，故整理者將〈凡物流形〉也歸入到了楚辭類文獻。然而，雖則〈凡物流形〉與〈天問〉的後半部分涉及人事，但〈凡物流形〉的敘述顯然更爲抽象，且已經不再是發問的形式。〈凡物流形〉的主旨恐怕不是單純的發問，而是在闡論某種學說，甚至發問有可能是爲論說服務的〔註29〕，這是與〈天問〉不同的。筆者以爲，〈凡物流形〉並不能算是楚辭類文獻。無論如何，〈凡物流形〉爲我們提供了追問宇宙生成的新文本，雖然與〈天問〉一樣，並沒有給我們明確的答案，但我們仍可以一窺玄奧。尤其需要注意的是，作者認爲「物」是不死的，即人類以外的物質世界是永恆的（實際上將主客觀世界對立起來）；且宇宙間有陰陽、水火等對立因素存在。這些觀念，值得我們重視。

　　已有學者指出〈凡物流形〉與馬王堆帛書〈十問〉的關係〔註30〕，〈十問〉

---

〔註25〕 《老子》第六十四章：「合抱之木，生於毫末；九層之臺，起於累土；千里之行，始於足下。」《文子・道德》：「十圍之木始於把，百仞之臺始於下。」《説苑・正諫》云：「夫十圍之木，始生於蘖。」

〔註26〕 「珥」簡文寫作「貳」，「暈」簡文寫作「軍」，使用了諧音雙關的手法。

〔註27〕 《楚辭・天問》：「東流不溢，孰知其故。」

〔註28〕 參見《列子・湯問》所載兩小兒辯日故事。

〔註29〕 李鋭：〈〈凡物流形〉釋讀札記〉，孔子 2000 網「清華大學簡帛研究」專欄，2008 年 12 月 31 日；曹峰：〈從《逸周書・周祝解》看〈凡物流形〉的思想結構〉，簡帛研究網站，2009 年 3 月 9 日。

〔註30〕 陳惠玲：〈〈〈凡物流形〉簡 3『左右之請』考〉補釋〉，復旦大學出土文獻與古文字研究中心網站，2009 年 4 月 22 日。

載：

> 黃帝問於天師曰：「萬物何得而行？草木何得而長？日月何得而明？」天師曰：「爾察天地之情？陰陽爲正，萬物失之而不繼，得之而贏。食陰擬陽，稽於神明。」（一問）
>
> ……
>
> 黃帝問於曹熬曰：「民何失而死？何得而生？」曹熬答曰：「□□□□□取其精，待彼合氣，而微動其形。能動其形，以致五聲，乃入其精。虛者可使充盈，壯者可使久榮，老者可使長。」（三問）
>
> 黃帝問於容成曰：「民始賦淳流形，何得而生？流形成體，何失而死？何世之人也，有惡有好，有夭有壽？欲聞民氣贏屈、弛張之故。」容成答曰：「君若欲壽，則順察天地之道。天氣月盡、月盈，故能長生。地氣歲有寒暑，險易相取，故地久而不腐。」（四問）
>
> 〔註31〕

〈十問〉雖歸屬一書，但與《黃帝內經》一樣，屬於「黃學」的系統〔註32〕。〈十問〉中「草木何得而長」、「民何失而死？何得而生」、「民始賦淳流形，何得而生？流形成體，何失而死」等語，與〈凡物流形〉的相關語句如出一轍。下文會進一步論及，〈凡物流形〉實際上屬於黃老學說。至於〈十問〉同樣以發問的形式表述，固然是黃老醫術的傳統，至於其背後的潛隱原因，仍是需要我們探討的。

## 二、「發問」的哲學

〈天問〉與〈凡物流形〉的思想傾向可能不盡一致，但它們都採取了相同的形式，即通過發問來追索宇宙的始源。如果將視野放寬，我們可以發現，對宇宙萬物的探索，「發問」正是古人的一種常見方式。

饒宗頤先生曾撰著〈〈天問〉文體的源流——「發問」文學之探討〉〔註33〕一文，從〈天問〉入手，旁徵博引，概覽古籍中外的「發問」文學，

---

〔註31〕參見馬王堆漢墓帛書整理小組《馬王堆漢墓帛書（肆)》，文物出版社 1985 年版。

〔註32〕參見李夏〈《黃帝四經》研究〉，山東大學博士學位論文，2007 年 4 月。

〔註33〕饒宗頤：〈〈天問〉文體的源流——「發問」文學之探討〉，《考古人類學刊》第 39、40 期之合刊（慶祝李濟先生八十歲論文集中冊），「國立臺灣大學」考古人類學系，1976 年 6 月。收入《選堂集林‧史林》上冊、《文轍——文學史

發前人所未發。饒公所示列的材料，包括《國語・楚語下》楚昭王問於觀射
父的記述，《莊子》中〈逍遙遊〉、〈天運〉、〈天下〉諸篇的記述，《逸周書・
周祝解》的記述；古代印度《梨俱吠陀》、奧義書的有關篇章，以及與《梨
俱吠陀》相近的《阿維斯陀》中的記述；《聖經・舊約・約伯傳》的有關記
載，等等。以上材料，多與宗教典籍有關，是各族先哲對宇宙始源、歷史演
化問題的追問。由於宇宙生成問題向來是渺茫不可解的謎題，「發問」也便
成了古人追索的一種形式。同時，借助韻文的形式，將胸臆中的疑惑傾瀉而
出，似乎也是中外先哲的共通之處。

　　饒公所謂「發問」文學，筆者稱作「發問」的哲學。對於中外「發問」
的哲學思索，饒公已經有深刻的論述。在此，筆者擬就饒公未充分展開的問
題作簡單的討論。

　　《莊子・天運》開篇云：

　　　　天其運乎？地其處乎？日月其爭於所乎？孰主張是？孰維綱
　　是？孰居無事推而行是？意者其有機緘而不得已邪？意者其運轉而
　　不能自止邪？雲者為雨乎？雨者為雲乎？孰隆施是？孰居無事淫樂
　　而勸是？風起北方，一西一東，有上彷徨，孰噓吸是？孰居無事而
　　披拂是？敢問何故？

論者多認為這段記述與〈天問〉相似。至於〈凡物流形〉，則有更多的相同點。
〈凡物流形〉第四節的「天孰高歟？地孰遠歟？孰為天？孰為地？孰為雷神？
孰為帝？土奚得而平？水奚得而清？草木奚得而生？禽獸奚得而鳴？夫雨之
至，孰唾津之？夫風之至，孰閉（？）歔（？）而迸之」，與〈天運〉的文字
均問及天、地、雲、雨背後的運行機制，尤其是將風視作某神（抑或某物）「噓
吸」的結果，更是有一致的神話背景。不同的是，〈天運〉直接追問「維綱」
天地萬物的操縱者。這一點，〈凡物流形〉沒有充分表現。倒是〈天問〉，蘊
含了作者對宇宙生成動力的追問，頗類似於《莊子・則陽》「四方之內，六合
之裏，萬物之所生惡起」的疑問。

　　〈天運〉下文還有巫咸的話：「來！吾語女。天有六極五常，帝王順之則
治，逆之則凶。九洛之事，治成德備，監照下土，天下戴之，此謂上皇。」
這可以視作對上文的回答。事實上，〈天運〉全篇幾乎都是以問答體的形式呈

論集》上冊、《饒宗頤史學論著選》、《梵學集》、《饒宗頤東方學論集》、《饒宗
頤二十世紀學術文集》（卷十一・文學）。

現。巫咸將天道與帝王之治相聯繫，這一思想傾向，於〈凡物流形〉也有深刻表現。〈天問〉固然是有問無答，〈凡物流形〉卻未必沒有回答。〈凡物流形〉下半篇的「草木得之以生，禽獸得之以鳴」正是對上半篇「草木奚得而生？禽獸奚得而鳴」的回答。而下半篇一再強調的「一」，很可能是針對上半篇追問的答案。

戰國秦漢時期的作品多有表現為問答體的，這些作品與以韻文形式追問宇宙萬物的文本，實際上並不能同日而語。但諸如《莊子・天運》、《列子・湯問》等文獻的問答記錄，多有問宇宙始源及萬物規律的，可與〈天問〉、〈凡物流形〉參看。

《莊子》也是具有楚地色彩的作品。饒宗頤先生指出，〈天問〉這種發問的形式，在楚國文獻中頗為普遍。〈凡物流形〉書於楚簡，思想與黃老學說有莫大聯繫，為此增添了新的材料。《莊子・天下》記載了一個叫黃繚的南方「倚人」「問天地所以不墜不陷，風雨雷霆之故」，頗似杞人所問「天果積氣，日月星宿，不當墜耶」（《列子・天瑞》），這分明可以看到〈天問〉、〈凡物流形〉作者的影子。

饒公文章中所舉，有《梨俱吠陀》第 10 卷第 129 首。該詩作者為 Prajāpati Parameṣthi，即住頂仙人。筆者稱作〈創始頌〉（Creation），通常學者稱之為〈無有歌〉。該詩梵文題目為 Bhāva-vṛtta，即「有轉神」。有轉神或被稱作「最勝我之神」，即 Paramātman。巫白慧先生譯文的題名便是〈有轉神讚〉。此外，饒宗頤先生譯文題名為〈創造之歌〉或〈無無頌〉。結合梵文本、Ralph T. H. Griffith 的英譯以及饒宗頤、巫白慧、黃心川等先生的漢譯，筆者以四言詩的形式試譯如下：

> 恆先無有，亦不有無；
> 氣莫生焉，不見穹廬。
> 所覆為何，奚得其所？何以翼之？
> 彼有水耶？深可測耶？
>
> 彼既無死，亦無不朽；
> 晝夜之分，未見其由。
> 太一存焉，噓吸由性；
> 無聲息焉，無他物焉。

　　　　窈窈冥冥，隱於瞽闇；
　　　　混混沌沌，未可剖判。
　　　　太初太虛，流於無形；
　　　　惟彼熱力，化生太一。

　　　　無明之始，厥後生焉；
　　　　惟彼無明，母識萌焉。
　　　　聖賢求索，中心所思；
　　　　有無之間，何所繫焉？

　　　　昭明所至，橫者暌焉；
　　　　何物在上？何物在下？
　　　　彼是生息，彼是孕育；
　　　　雌氣在下，雄氣在上。

　　　　孰實知之？孰能言之？
　　　　何所生之？造化何來？
　　　　天地既分，神明允生；
　　　　孰知恆先，何初作之？

　　　　惟彼太初，造化之始；
　　　　其製匠之，抑無所製。
　　　　丕顯大神，監觀下民；
　　　　其實知之，抑不知之。

這首詩的宇宙生成觀念，與〈天問〉等中國典籍所反映的思想有許多相近之處。如篇中提煉出了一個「太一」（ekam）的抽象概念〔註34〕，與古代中國的「太一」一樣具有終極意義。再如〈創始頌〉的第1頌提出了「有」與「無」的概念，以及首句與上博簡〈恆先〉「恆先無有」極為接近的意涵。在詩中，

〔註34〕當然，這只是中文譯者的一種譯法，是以古代中國的「太一」嫁接的。

同樣可以見到許多問句，同樣對宇宙的始源發出諸多疑問。尤其是第 6 頌，表現尤爲明顯。

蘇雪林先生《天問正簡》（1974 年初版，臺北文津出版社 1992 年照相印本）徵引《聖經・舊約》的記述，認爲「或者《聖經・約伯傳》先傳入印度，印度學人擬其體作《吠陀頌》，《吠陀頌》又傳入我國，乃啓發了屈原寫〈天問〉的動機」。這種機械的傳播論並無依據，不免流於「西來說」的怪圈。蘇氏對上述文獻時間先後多本末倒置，實不值一駁。之所以古代中國與印度、伊朗乃至古希伯來人有詰問天地的現象，與宗教心理、天文知識等因素均有莫大關聯，並不能以簡單的傳播論解釋個中聯繫，從平行比較的角度進行考察或許更合乎實際。

## 三、〈凡物流形〉所見「一」的觀念

從傳世文獻乃至郭店簡〈太一生水〉可以看出，「道」、「太一」二者實際上同事而異名，與此相關的還有「太極」。據李零先生的理解，「一」也是「道」的別名，「太一」應是「大」、「一」的合成詞〔註35〕。而顧頡剛先生早年曾指出：

> 這樣子的一個「道」當然難以給它一個具體的名字，所以叫它做「道」可以，叫它做「大」可以，而叫它做「一」也未嘗不可。……以後的人們也喜歡用「一」來名「道」，但他們又漸漸地感覺到這「一」字太平凡了，萬不足以代表這恍恍惚惚的「道」，於是請來了一項榮耀的王冠加在它的頭上，名之曰「太一」或「大一」。〔註36〕

事情似乎並非如此簡單。

在上博簡〈凡物流形〉的下半篇中，「一」顯然是個高頻詞：

> 聞之曰：察道坐不下席，端冕【14】圖不與事。先知四海，至聽千里，達見百里。
>
> 是故聖人處於其所，邦家之【16】危安存亡，賊盜之作，可先

〔註35〕李零：〈讀郭店楚簡〈太一生水〉〉，《中國方術續考》，中華書局 2006 年版，第 340 頁。

〔註36〕顧頡剛：〈三皇考〉，《顧頡剛古史論文集》第 3 冊，中華書局 1996 年版，第 55～57 頁。

知。

　　聞之曰：心不勝心，六亂乃作；心如能勝心，【26】是謂小徹。
奚謂小徹？人白爲察。奚以知其白？終身自若。能寡言乎？能一【18】
乎？夫此之謂小成。

　　曰：百姓之所貴唯君，君之所貴唯心，心之所貴唯一。得而解
之，上【28】賓於天〔註37〕，下蟠於淵。坐而思之，謀〔註38〕於千
里；起而用之，練於四海。

　　聞之曰：至情而智，【15】察智而神，察神而同，〔察同〕而僉，
察僉而困，察困而復。是故陳爲新，人死復爲人，水復【24】於天。
凡百物不死如月，出則又入，終則或始，至則又返。察此言，起於
一端。【25】

　　聞之曰：一生兩，兩生參，參生女（？），女（？）成結。是
故有一，天下無不有；無一，天下亦無一有。無【21】□而知名，
無耳而聞聲。草木得之以生，禽獸得之以鳴。遠之矢（？）〔註39〕
【13A】天，近之矢（？）人，是故【12B】察道，所以修身而治邦
家。

　　聞之曰：能察一，則百物不失；如不能察一，則【22】百物俱
失。如欲察一，仰而視之，俯而揆（？）之，毋遠求度，於身稽之。
得一〔而〕【23】圖之，如并天下而抯之；得一而思之，若并天下而
治之。守一，以爲天地稽。【17】是故一，咀之有味，嗅〔之有臭〕，
鼓之有聲，近之可見，操之可操，握之則失，敗之則【19】槁，賊
之則滅。察此言，起於一端。

　　聞之曰：一言而力不窮，一言而有眾；【20】一言而萬民之利，
一言而爲天地稽。

　　握之不盈握，敷之無所容。大【29】之以知天下，小之以治邦。
【30】

---

〔註37〕清華簡〈楚居〉簡3有「妣嬭賓于天」的記述，可以參看。〈楚居〉中的記載，
　　　　當指妣嬭上天，是富於神話色彩的記述。將「賓」理解作死亡或祭名，恐未
　　　　達一間。
〔註38〕簡文作「每（或釋作「姊」）」，整理者讀作「謀」，其他學者有不同意見。
〔註39〕簡文作 ，整理者釋作「戈」，又將簡12B的 釋作「矢」，讀作「施」。

在上述文字中，「一」出現多達 19 次，且常用作「察一」﹝註40﹞、「守一」、「得一」的搭配。關於〈凡物流形〉的「一」，許多學者都進行了討論。首先是關於字形的爭議。簡文「一」的寫法如下所示：

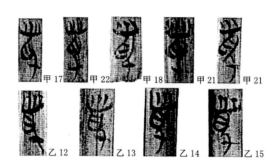

整理者將該字隸作「豸」，認爲是楚文字「豹」字的省寫，讀爲「貌」。在楚帛書等出土文獻中，也有見到類似的字形。沈培先生認爲是「一」字﹝註41﹞。此說得到了許多學者的認同。復旦讀書會隸作「鼠一」。蘇建洲先生認爲該字下部與「鼠」的寫法並不相同，而且也看不出聲符「一」，認爲其下從「卬（抑）」聲﹝註42﹞。楊澤生先生認爲該字實爲「乙（𠃉）」字，讀作「一」﹝註43﹞，曾銘賢先生所論相同﹝註44﹞。該字又見於中山王壺銘（《集成》15.9735）、《上博（四）‧柬大王泊旱》簡 7、《上博（八）‧王居》簡 2。儘管諸家釋讀角度不同，但將該字讀作「一」是沒有疑問的。其中讀作「乙（𠃉）」的說法較有理據，值得重視。林忠軍先生卻延續整理者「豸」的釋讀，認爲「豸」由具體的動物被抽象昇華爲內涵恆久長存、動靜變化意義的概念﹝註45﹞，這是很難令人信服的。

---

﹝註40﹞「察」的釋讀學者意見相差較大，筆者認爲讀作「察」可從，馬王堆帛書黃帝書也有許多「察」的用法。

﹝註41﹞沈培：〈略說《上博（七）》新見的「一」字〉，復旦大學出土文獻與古文字研究中心網站，2008 年，12 月 31 日。

﹝註42﹞蘇建洲：〈《上博七‧凡物流形》「一」、「逐」二字小考〉，復旦大學出土文獻與古文字研究中心網站，2009 年 1 月 2 日。

﹝註43﹞楊澤生：〈上博簡〈凡物流形〉中的「一」字試解〉，復旦大學出土文獻與古文字研究中心網站，2009 年 2 月 15 日。

﹝註44﹞曾銘賢：〈〈凡物流形〉「ᘛ」字試釋──兼論甲篇第二十一號簡釋文相關問題〉，臺灣《有鳳初鳴年刊》第 5 期，2009 年 10 月。

﹝註45﹞林忠軍：〈論上博簡〈凡物流形〉「豸」字的內涵及哲學意義〉，《哲學研究》2010 年第 5 期。

　　此外，許多學者對篇中「一」的思想史意涵進行了討論。王中江先生認為〈凡物流形〉所見「一」被設定爲四個方面的構造，分別是萬物的生成者；萬物存在、活動的基礎和內在根據；聖人的治道；「人心」修煉的目標和狀態〔註46〕。王先生的概括是較爲精當的。其中，後兩種構造偏重人類社會的準則，與黃老學說如出一轍。前兩種構造，與宇宙論的關係更爲密切。

　　本段簡文出現了「一生兩，兩生參，參生女（？），女（？）成結」的文字，值得我們注意。由於整理者將「一」釋作「貌」，將「兩」釋作「亞」，實際上已經偏離了主題。目前尚有疑問的，就是「女」字。按「女」字或以爲是「四」之譌〔註47〕，或以爲讀作「母」〔註48〕，看法不同，對文義的理解便有很大的分歧。至於「結」，秦樺林先生認爲可能是一個術語，表示萬物「流形成體」的聚合狀態〔註49〕。果如秦先生所論，「結」當是「一」生萬物之後的狀態，謂成就萬物。這裏的「結」最有可能如字讀，但也不排除通假的可能〔註50〕。

　　對於該句，論者都聯想到了《老子》四十二章及《文子・九守》「道生一，一生二，二生三，三生萬物」的記述。但值得注意的是，《老子》是「道生一」，「道」是比「一」更爲終極的概念。而在〈凡物流形〉中，孕育萬物的終極概念是「一」。簡文云：「是故有一，天下無不有；無一，天下亦無一有。無□而知名，無耳而聞聲。草木得之以生，禽獸得之以鳴。」天下萬物均繫於「一」。《淮南子・天文訓》云：「道始於一，一而不生，故分而爲陰陽，陰陽合和而萬物生。故曰『一生二，二生三，三生萬物。』」據此，「一」似乎是比「道」更高的存在。《淮南子・俶眞訓》又云：「夫道有經紀條貫，得一之道，連千枝萬葉。」同時，〈天文訓〉的記述與〈凡物流形〉更爲契合。馬王堆帛書黃帝書〈十大經・成法〉則謂「一者，道其本也」，以「一」爲「道」

〔註46〕王中江：〈〈凡物流形〉「一」的思想構造及其位置〉，《簡帛文明與古代思想世界》，北京大學出版社 2011 年版，第 83 頁。
〔註47〕沈培：〈略說《上博（七）》新見的「一」字〉，復旦大學出土文獻與古文字研究中心網站，2008 年，12 月 31 日。
〔註48〕秦樺林：〈〈凡物流形〉第二十一簡試解〉，復旦大學出土文獻與古文字研究中心網站，2009 年 1 月 9 日。
〔註49〕同上。
〔註50〕上博簡〈容成氏〉所見「結」通「辛」。另《老子》十四章「此三者不可致詰，故混而爲一」的「結」，馬王堆帛書《老子》甲本、乙本均作「計」。《說文》云：「計，會也。」待考。

的根本。〈成法〉與〈凡物流形〉一樣,通篇強調「一」的意義。《說文》在詮解「一」時說:「惟始太初,道立於一,造分天地,化成萬物。」這裏,「一」是宇宙的始源。

　　道家有「貴一」(《莊子‧知北遊》)的思想。在《老子》一書中,諸如「抱一」、「得一」的「一」,論者多認爲「一」等同於「道」。許抗生先生認爲,《老子》中的「一」有三種涵義:一是指道;二是指道所產生的最原初的統一物;三是指身〔註52〕。張岱年先生指出,老子爲「一」賦予了宇宙論和「統一性」即「自我同一」的意義〔註53〕。《老子》第三十九章云:

　　　　昔之得一者:天得一以清,地得一以寧,神得一以靈,谷得一
　　以盈,萬物得一以生,侯王得一以爲天下正。

上述「一」即指「道」,正如〈凡物流形〉,亦強調「一」的意義。王中江先生指出,在黃老學中,「道」和「一」一般是可以互換、互用的形而上最高概念;在它們被籠統地使用的時候,可以說「一」即「道」,「道」即「一」〔註54〕。但事實上,道家的一些敘述將「一」視作比「道」更終極的概念,已如前述。《老子指歸》卷二則謂「道,虛之虛,故能生一」,強調《老子》的「道生一」。此外,《韓非子‧揚榷》以「一」形容「道」:「道無雙,故曰一。」在古人對宇宙本體的敘述中,因本體的至上而不可捉摸,賦予了不同的名號,如「太一」、「道」、「太極」等即是。同時,人們又認爲這些僅僅是代號,宇宙本體的眞實名號,仍然是難以捉摸的。所以在〈太一生水〉中,作者發出「道亦其字也,請問其名」的疑惑,《老子》也認爲「吾不知其名,字之曰道,吾強爲之名曰大」,馬王堆帛書黃帝書〈道原〉則說「人皆以之,莫知其名」。在一些文獻中,「一」也被視作宇宙本體的名號。帛書〈道原〉云:「一者其號也。」《文子‧精誠》則說:「道無形無聲,故聖人強爲之形,以一字爲名。」

　　總之,「一」常常作爲「道」的代名詞,「太一」也與此有關;同時,「一」作爲終極概念,有時甚至高於「道」。「道」與「一」之間有重疊之處,卻未必完全等同。從思想傾向看,〈凡物流形〉應當是黃老一系的文獻。

---

〔註52〕 許抗生:《帛書老子注譯與研究》,浙江人民出版社 1985 年版,第 9 頁。

〔註53〕 張岱年:《中國古典哲學概念範疇要論》,中國社會科學出版社 1989 年版,第55～57 頁。

〔註54〕 王中江:〈〈凡物流形〉「一」的思想構造及其位置〉,《簡帛文明與古代思想世界》,北京大學出版社 2011 年版,第 84 頁。

　　單從《老子》、〈太一生水〉、〈恆先〉、〈凡物流形〉、〈道原〉等篇章來看，
它們有許多共同之處。如大多由宇宙論而至人生論、政治論，尤其是黃老學
派的著作，尤爲明顯，治道始終是主題。《老子》及黃老著作預設了一個「道」
的本體，然而，他們所涉的本體論與宇宙論，是與政治論緊密相關的。甚
至可以說，形而上的「道」，是爲世俗世界的構架而設立的。在某種程度上，
體現了「天人合一」。古印度「梵我一如」的觀念與「天人合一」多有可比
之處，前者似乎更趨哲學化與宗教化。徐復觀先生認爲，道家的宇宙論，是
人生哲學的副產物〔註 55〕。相比之下，《莊子》卻很少涉及治道，旨趣有所
不同，這是需要注意的。這些道家系統的著作往往是韻文，《老子》、〈凡物
流形〉、楚帛書及黃帝書尤爲明顯，〈太一生水〉、〈恆先〉也有體現，筆者將
它們視作中國古代的哲學詩，道家一脈的學說可以說是「詩性的哲學」。

---

〔註 55〕徐復觀：《中國人性論史（先秦篇）》，上海三聯書店 2001 年版，第 287 頁。

# 附錄 上博簡楚辭類文獻研究論著目錄<sup>〔註1〕</sup>

## 一、綜合篇

1. 馬承源主編：《上海博物館藏戰國楚竹書（八）》，上海古籍出版社 2011 年版。
2. 曹錦炎：〈上海博物館藏戰國竹書《楚辭》〉，《文物》2010 年第 2 期。
3. 曹錦炎：〈楚辭新知〉，武漢大學簡帛研究中心網站，http：//www.bsm.org.cn/show_article.php?id=1413，2011 年 3 月 14 日。又見武漢大學簡帛研究中心編《簡帛》第 6 輯，上海古籍出版社 2011 年版。
4. 單育辰：〈佔畢隨錄之十五〉，復旦大學出土文獻與古文字研究中心網站，http://www.gwz.fudan.edu.cn/SrcShow.asp?Src_ID=1606，2011 年 7 月 22 日。
5. 何有祖：〈上博楚簡釋讀札記〉，武漢大學簡帛研究中心網站，http://www.bsm.org.cn/show_article.php?id=1525，2011 年 7 月 24 日。
6. 曹方向：〈讀上博楚簡第八冊瑣記〉，武漢大學簡帛研究中心網站，http://www.bsm.org.cn/show_article.php?id=1537，2011 年 8 月 22 日。
7. 鍾碩整理：〈網摘《上博八》專輯〉，復旦大學出土文獻與古文字研究中心網站，http://www.gwz.fudan.edu.cn/srcshow.asp?src_id=1674，2011

---

〔註1〕 代本書的主要參考文獻。另日本學者草野友子曾介紹日本近年出土文獻的研究概況，其中便涉及上博簡第八冊的楚辭類文獻，參見草野友子〈近年日本出土文獻研究概況——以「中國出土文獻研究會」為中心〉，《「簡牘與早期中國」學術研討會暨第一屆出土文獻青年學者論壇評議冊》，北京大學中國古代史研究中心、北京大學出土文獻研究所，2012 年 10 月。

年 10 月 1 日。

8. 張峰：〈《上博八》考釋三則〉，《哈爾濱師範大學社會科學學報》2011
年第 6 期。

9. 王凱博：〈《上博八》文字編〉，復旦大學出土文獻與古文字研究中心網
站，http://www.gwz.fudan.edu.cn/SrcShow.asp?Src_ID=1765，2012 年 1
月 3 日。

10. 李松儒：〈戰國簡帛字跡研究〉，吉林大學博士學位論文，2012 年 4 月。

11. 雍宛苡：〈《上海博物館藏戰國楚竹書（八）》通假字的語音現象分析〉，
復旦大學出土文獻與古文字研究中心網站，http://www.gwz.fudan.edu.
cn/SrcShow.asp?Src_ID=1851，2012 年 4 月 23 日。

12. 雍宛苡：〈《上海博物館藏戰國楚竹書（八）》虛詞初探〉，復旦大學出
土文獻與古文字研究中心網站，http://www.gwz.fudan.edu.cn/Srcshow.
asp?Src_ID=1863，2012 年 5 月 13 日。

13. 李展鵬：〈《上海博物館藏戰國楚竹書（八）》文字編〉，中山大學碩士
學位論文，2012 年 5 月。

14. 鍾之順：〈上博簡（八）楚辭類文獻詞類研究——兼與屈原賦比較〉，
煙臺大學碩士學位論文，2013 年 4 月。

15. 陳民鎮：〈上博簡（八）楚辭類作品與楚辭學的新認識——兼論出土文
獻與中國古典文學研究的關係〉，《邯鄲學院學報》2013 年第 3 期。

16. 張彩華：〈上博簡（八）楚辭類作品草木意象初探——以〈李頌〉、〈蘭
賦〉為中心〉，《邯鄲學院學報》2013 年第 3 期。

17. 鍾之順：〈上博簡（八）楚辭類作品與屈原賦詞類比較研究〉，《邯鄲學
院學報》2013 年第 3 期。

18. 萬德良、陳民鎮：〈上博簡〈李頌〉與《楚辭·橘頌》比較研究〉，《邯
鄲學院學報》2013 年第 3 期。

## 二、〈李頌〉篇

1. 復旦吉大古文字專業研究生聯合讀書會：〈上博八〈李頌〉校讀〉，復
旦大學出土文獻與古文字研究中心網站，http://www.gwz.fudan.edu.cn/
srcshow.asp?src_id=1596，2011 年 7 月 17 日。

2. 張峰：〈由《上博（八）·李頌》簡 1 再看楚簡中的「寒」〉，武漢大學

簡帛研究中心網站，http://www.bsm.org.cn/show_article.php?id=1523，
2011 年 7 月 22 日。

3. 黃浩波：〈讀上博八〈杼頌〉箚記〉，武漢大學簡帛研究中心網站，
http://www.bsm.org.cn/show_article.php?id=1538，2011 年 8 月 23 日。

4. 王寧：《上博八・ 李頌》閑詁〉，武漢大學簡帛研究中心網站，http：
//www.bsm.org.cn/show_article.php?id=1540，2011 年 8 月 29 日。

5. 王寧：〈再釋楚簡中的「｜」字〉，復旦大學出土文獻與古文字研究中
心網站，http：//www.gwz.fudan.edu.cn/Srcshow.asp?Src_ID=1640，2011
年 9 月 7 日。

6. 王寧：《上博八・李頌》通讀〉，簡帛研究網站，http://www.bamboosilk.
org/showarticle.asp?articleid=1929，2011 年 10 月 18 日。

7. 傅修才：〈古文字考釋（三篇）〉，中山大學碩士學位論文，2012 年 5
月。

8. 魯鑫：〈上博八〈李頌〉綴釋〉，復旦大學出土文獻與古文字研究中心
網站，http://www.gwz.fudan.edu.cn/SrcShow.asp?Src_ID=2066，2013 年
6 月 8 日。

9. 季旭昇：《《上海博物館藏戰國楚竹書（八）》詠物賦研究〉，《第二十三
屆「中國文字學會國際學術研討會」論文集》，臺灣靜宜大學，2012
年 6 月。

10. 季旭昇：《《上海博物館藏戰國楚竹書（八）・桐頌》考釋〉，《中央研究
院歷史語言研究所集刊》第 84 本第 4 分，2013 年 12 月。

## 三、〈蘭賦〉篇

1. 復旦吉大古文字專業研究生聯合讀書會：〈上博八〈蘭賦〉校讀〉，復
旦大學出土文獻與古文字研究中心網站，http://www.gwz.fudan.edu.cn/
srcshow.asp?src_id=1597，2011 年 7 月 17 日。

2. 曹方向：〈上博八〈蘭賦〉「芳馨蒾莳」試解〉，武漢大學簡帛研究中心
網站，http://www.bsm.org.cn/show_article.php?id=1528，2011 年 7 月 26
日。

3. 高佑仁：〈上博八〈蘭賦〉二題〉，武漢大學簡帛研究中心網站，http://
www.bsm.org.cn/show_article.php?id=1542，2011 年 9 月 5 日。

4. 黃浩波：〈上博八〈蘭賦〉「容則」試解〉，武漢大學簡帛研究中心網站，http://www.bsm.org.cn/show_article.php?id=1544，2011 年 9 月 9 日。

5. 陳美蘭：〈說「幽」──兼談〈蘭賦〉「幽中」〉，《中國文字》新 37 期，臺灣藝文印書館 2012 年版。

6. 陳民鎮：〈上博簡〈蘭賦〉與《楚辭》所見「未沫（沬）」合證〉，《職大學報》2013 年第 2 期。

## 四、〈有皇將起〉篇

1. 復旦吉大古文字專業研究生聯合讀書會：〈上博八〈有皇將起〉校讀〉，復旦大學出土文獻與古文字研究中心網站，http://www.gwz.fudan.edu.cn/srcshow.asp?src_id=1598，2011 年 7 月 17 日。

2. 黃傑：〈上博簡〈有皇將起〉編連一則〉，武漢大學簡帛研究中心網站，http：//www.bsm.org.cn/show_article.php?id=1515，2011 年 7 月 19 日。

3. 子居：〈上博八〈有皇將起〉再編連〉，孔子 2000 網「清華大學簡帛研究」專欄，http：//www.confucius2000.com/admin/list.asp?id=4993，2011 年 7 月 24 日。

4. 張峰：〈《上博（八）·有皇將起》讀書筆記〉，武漢大學簡帛研究中心網站，http://www.bsm.org.cn/show_article.php?id=1526，2011 年 7 月 24 日。

5. 邱敏文：〈《上博八·有皇將起》簡釋讀注譯〉，臺灣《靜宜中文學報》2012 年第 1 期。

6. 程少軒：〈上博八〈鶹鵜〉與〈有皇將起〉編冊小議〉，《中國文字》新 38 期，臺灣藝文印書館 2012 年版。

## 五、〈鶹鵜〉篇

1. 復旦吉大古文字專業研究生聯合讀書會：〈上博八〈鶹鵜〉校讀〉，復旦大學出土文獻與古文字研究中心網站，http://www.gwz.fudan.edu.cn/srcshow.asp?src_id=1599，2011 年 7 月 17 日。

2. 黃人二、趙思木：〈讀《上海博物館藏戰國楚竹書（八）·鶹鵜》書後〉，武漢大學簡帛研究中心網站，http：//www.bsm.org.cn/show_article.php?id=1508，2011 年 7 月 18 日。

3. 季旭昇：〈《詩‧衛風‧旄丘》「流離」探析——兼談《上博八‧鶹鷅》〉，第二屆海峽兩岸國學論壇暨第三屆海峽國學高端研討會，廈門大學，2011 年 11 月。

4. 吳洋：〈《上博（八）‧鶹鷅》與《詩經‧邶風‧旄丘》〉，《出土文獻研究》第 11 輯，中西書局 2012 年版。

# 後　記

　　本書是煙臺大學人文學院中國學術研究所的研究生研讀上博簡楚辭類文獻的成果，既是我們學習過程的記錄，也是我們點滴心得的流露。本書就上博簡楚辭類文獻作了初步的綜合研究，或許存在許多疏誤之處，或許顯得生澀稚嫩，如果大家能夠從我們整理的資料中獲得一二便利，想必能證明我們的努力並非一無是處。

　　參與編著本書的研究生來自歷史學、考古學、文學三個學科方向，我們雖然專業不同，但都師從江林昌老師學習。江老師引領我們進入《楚辭》奇妙的世界，他一句一句細緻的串講，他縱橫古今的獨到講解，令我們感受到老師淵博的學識，也令我們體會到跨越學科界限的妙處。我們師生共同研讀《楚辭》的經歷是難忘的經歷，江老師的爲人、爲學之道註定成爲我們寶貴的財富。在我們入學之初，江老師給我們每人發了一頁師公姜亮夫先生的垂訓，要求我們要始終有「永久堅強的毅力，自強不息的精神和艱苦卓絕的氣概」，我們永遠銘記在心。

　　上博簡楚辭類文獻的獨特價值自不待言，但目前而言尚缺乏綜合性的研究，我們的工作算是初步的嘗試。由於可能與這批文獻有關的殘簡尚未公佈，我們的工作是基於目前條件的階段性成果，期待能爲將來的研究提供資料的基礎。遺憾的是，文學領域的學者對這批材料關注無多，我們在這方面作了初步的探索。限於學力，我們的工作必然存在錯誤與缺漏，我們期待方家的指正，以幫助我們進步。

　　這本小書是我們幾個參編者同窗情誼的見證。我們這個小家庭，江老師是我們的家長，他的關懷與教誨令我們如沐春風，師恩難忘；孫進老師、代

生師兄、李秀亮師兄等老師也在學習與生活上幫助我們，情誼永存。季旭昇、蘇建洲、程少軒、王凱博、許可等先生爲本書的寫作提供了修改意見及資料幫助，謹致謝忱。感謝花木蘭文化出版社慨允出版，本書造字較多，若沒有編輯的辛勤工作，本書不會順利出版。感謝《邯鄲學院學報》、《出土文獻語言研究》、《職大學報》等刊物爲我們成果的發表提供平臺。尤其是《邯鄲學院學報》，以組稿的形式推出我們這幾個後生的論文是極需膽魄的，感謝康香閣等先生的支持。

編者

2014 年 4 月 1 日